コーチとは自分を知ることから始まる

デニー・カイパー 著
篠原美穂 訳
伊藤拓摩 監修

Know Yourself
As A Coach

監修者まえがき

伊藤拓摩

２０１６年9月22日、Ｂリーグ開幕戦、新たなリーグの幕開けという歴史的な試合。私はアルバルク東京のヘッドコーチとしてその場に立たせてもらいました。

それは素晴らしく光栄なことであると同時に、日本中のバスケットボールファン、バスケットボールを知らない人たちに開幕戦を通して魅力を伝えなければいけないという使命感、責任を感じることでもありました。

さらに、あのころメディアではアルバルク東京をエリート軍団と呼び、勝つことが当たり前といった雰囲気がありました。それが当時34歳の私にはプレッシャーだったのだと、今は思います。勝った試合ではホッとして、負けるとすべてを否定された気持ちになったことを思い出します。日々の重なるプレッシャーとストレスで自分らしさを見失い、なぜ自分はコーチをしているのかさえ、分からなくなっていたようにも思えます。

勝つことばかりに集中し、もっと大切なものを忘れていたのだと思います。

悩みがピークを迎えようとしたとき、私はこの本を棚から取り出しました。読めば自分自身に向き合えるのではないか、見失っている自分を取り戻せるのではないかと思ったからです。

実は、ページを開いたのは3回目でした。

1回目は、プロのアシスタントコーチとして初のシーズンを終えたオフ。シーズンを振り返り、いかに自分が未熟で、効果的なコーチングができていないか痛感しているときのことでした。アシスタントコーチとして何をするのか（試合分析だったりトレーニングメニュー立案だったり）は把握してはいるつもりでしたが、では、どのように実際に行うのか。また、ヘッドコーチをどのようにアシストするのが有効なのか。そういった悩みがあるときでした。その際、4章「アシスタントコーチ」、25章「弱みよりも強みに注目する」、32章「25パーセントルール」では、かなりのヒントをもらいました。アシスタントコーチとしての自分を振り返る、よい機会となったのです。

2回目は、1回目に読み終えてから5年後、ヘッドコーチに就任したときのことでした。

自分がなぜコーチをしているのか。自分のコーチとしての強み、弱みはなんなのか。ヘッドコーチとして何をどのように成し遂げたいのか。なぜそれらを成し遂げたいのか。自分自身に問いただし、コーチとしての自分についても、もっと知る必要があると感じたからです。1回、2回、3回と読むたびに、新たな発見がありました。自分の立場や状況が変わるたびに、新たな発見があったのです。

この仕事をしていますと、各カテゴリーのコーチとお話しをさせてもらう機会があります。そこで、多くのコーチは私と同じような悩みを持っていると知りました。話すときのトピックは、コーチとしてあるべき姿、より効果的なコーチングについて、リーダーシップ、選手との効果的なコミュニケーション、スケジュールをどのように立てているのか、ストレスとどのように向き合うのか、私生活とのバランスをどのようにとっているのか、などです。戦術や戦略より、こういった話のほうが多いのです。

コーチの方々から悩みを聞くたびに、私は考えるきっかけをもらい、コーチとしての自分をよりよく知る機会をもらったこの本を薦めたいと思っていました。なんとか日本語版を出版して、多くの指導者の方に読んでもらいたい、そんな思いが今回、監修させていただくことになったきっかけです。

これは、方法論を教えてくれる本ではありません。自分自身を振り返り、自分自身について考え、そのプロセスのなかで自分に合った、自分にしかできないコーチングへと導いてくれる一冊だと思います。私がこの本からコーチとしての自分を学んだように、皆さんにとってもこの本が最高のコーチのような存在になること、結果として将来、日本、世界を引っ張っていくようなリーダーが、日本から輩出されることを心から願っています。

contents

第3クオーター
ヒューマンスキルの活用

第4クオーター
スタイル、テクニック、哲学

contents

はじめに

私はもはや組織でプレーすることはありません。それでも一人のアスリートです。そして、チームの舵取り役でもなくなりましたが、一人のコーチです。私という人間は、この「アスリート」、「コーチ」という言葉で説明することができます。スポーツは、私がまだ幼い子供だったころから、人生の大切な一部でした。この本を読んでいるということは、読者であるあなたも、そういう生き方をしている、あるいはしてきたのでしょう。

私たちプレーヤー、コーチには、チームで競技に参加することの強みや、ともに学び、練習し、プレーすることの強み、そして栄光だけでなく挫折さえも味わうことの強みが、分かっています。力を尽くしたことで以前よりも前進することを知っているのです。

私をバスケットボールのコーチの道に進ませたのは、自分自身の経験です。この本で例に挙げるのは、ほとんどがバスケットボールに関することですが、どんな競技のどんなレベルにも適用できると思います。そして、コーチに対してカウンセラーをする立場になった理由も、やはり過去の経験です。この仕事のおかげで、私はコーチ時代とは違った視点で若い人たちに接することができました。このような体験を経て、人についての理解、人を突き動かすものについての理解が深まり、私自身がコーチとして成長することにつながりました。

私はこれまで何年も、ほかのコーチやコーチングスタッフたちを観察し、交流してきました。そして、彼らとの関係から多くのことを学んできました。この本は、私が見てきたこと、体験してきたことを集めたものです。本のなかでは、読者のコーチングスキルの向上を目的とした提案をしていますが、そのなかには、私がしてきたような間違いをしないで済むように、という意味合いも含まれていると思います。しかし何よりも私が願っているのは、この本が、皆さんの考える糧となることです。

おそらく読者の皆さんは、この本に書かれていることのすべてには賛同できないと思います。それで構いません。納得がいったことを取り入れてください。もちろん私自身は、自分が書いたことのすべてを信じていますが、自分のやり方がコーチングの唯一の方法だと思うほど、傲慢ではありません。なかには、コーチならば、耳をふさぎたくなるような正論も書いてあります。コーチは、人間行動学の教育や訓練を受けてこなかった人がほとんどです。この本を読むことによってその分野の専門家になれるとは言いませんが、この本が考える材料となり、そしてコーチとして向上するための有用な情報を提供するものであると、私は信じています。

コーチングに関する一般的な内容、つまりどのような場面でどのようなプレーをするのかといった戦術は、この本のどこにも書いてありません。戦術の組み立てはコーチングのなかでもエキサイティングかつ重要な部分ですが、フィールド上でどう駒を動かすかということは、コーチングの一部分にすぎません。コーチが監督するのは、プレーをしている人間です。プレーをしている人間にどう関わるか、彼らの競技以外の人生にまで影響が及ぶような関わり合い方とは何か、それこそが、この本の主眼です。

私はコーチという仕事を、指揮を執るということを、心から愛しています。この本は、そのような大切な仕事に捧げるものです。

謝辞

今日の日まで、なかでも最近数年間、ともに仕事をしてきてくれた皆さんには、心からお礼を言いたいと思います。この本に書いた哲学やアイデアは、皆さんとの会話、交流から生まれたものです。ニール・ベリー、ティム・バックリー、サイフェウス・バントン、スコット・チェリー、トム・クリーン、デビッド・エルソン、ジョン・ハリス、スコット・ホルソッププル、ダリン・ホーン、トッド・コヴァルチック、スティーブ・マーフェルド、ポーター・モーザー、デール・レース、モーゼ・ライソン、トレイ・シュワブ、マーク・シモンズ、ドウェイン・スティーブンス、ジェフ・ストローム、ブライアン・ワードルの各氏に感謝します。

ラルフ・ピム、チップ・ピソーニ、デーブ・テレップ、アンディ・シーガー、パーク・ワイセンバーガー各氏にいただいた洞察、見識は特に私の力となりました。また、編集にご協力いただいた、アン・R・ギボンズさんにもお礼の気持ちを伝えたいと思います。

親友のキャロル・エリクソンには、これ以上ないほどの恩があります。私の考えを論理的に、簡潔に、そして分かりやすくまとめる手助けをしてくれました。キャロル、貴女がいなければ、この本は書けなかったでしょう。

最後に、娘のメリッサとエイミー、そして妻のテリーの愛情とサポートに感謝したいと思います。テリー、コーチングの本が書けると君が信じてくれたからこそ、私は実現することができた。その信頼と、いちばん必要なときにくれた励ましに、ありがとうと言いたい。この本に書いたことの大部分は、君から学んだことでもある。

もちろん、この本のなかに何か間違いが見つかったとしたら、その全責任は私にあります。

＊本書に登場する人物の肩書や所属は原書刊行時（２００８年）の記載による
＊［　］内は訳者註である

第1クオーター
コーチとしての自分

1章　コーチングとは何か？

私は学生スポーツのコンサルタントとして、各所に足を運んでいますが、コーチたちの口から何度も同じ言葉を聞かされます。彼らは「大学レベルのコーチなら、皆コーチとして指導する力を備えている」と言います。そしてそれはこう続きます。「成功するかどうかは、とにかく選手の獲得にかかっている」。

しかし、この言葉は真実からかけ離れていると、私は思っています。コーチの能力差はときとして非常に大きく、この力量の差こそが、チームの成否に影響するのです。その影響力の大きさは、選手集めの比ではありません。

実のところ、こんなことを言い放つのは、たいていが若いコーチです。彼らに言わせれば、セットプレーを図示してセットオフェンスを組み立てることもできるし、映像を確認してオフェンスやディフェンスで何が起きているのかも把握している、ということです。

たしかにこうしたスキルもコーチングのうちではあります。しかし、それよりもはるかに重要なことがあります。

コーチというポジションに任命されたとき、多くの人が最初にするのは、ロスター（選手構成）を見ること。それぞれの強み、弱み、足りないところを確認します。高校のコーチの場合は、翌年の新入生には誰が控えていて、どの下級生に可能性があるのか、大学のコーチの場合は、まだスカウトが可能な高校の最上級生には誰がいるのか、将来性のある下級生は誰か、ということをチェックします。そうして、本腰を入れて精力的な選手集めにとりかかります。しかし、これでは本末転倒になるでしょう。

コーチたちに必要なことは、見つめる先を他者ではなく、自分自身に向けることなのです。

読者の皆さんもそうです。重要な問題をじっくりと吟味し、自分自身と自分の組織に目を向けることをお勧めします。戦力を外部に求める前に、自分の内側に目を向け、自分自身の動機を確認し、組織をどう組み立ててどう機能させるのか、思い描くのです。2章

「なぜコーチをするのか？」を、自分自身の動機の確認に役立ててください。コーチとしての自分の方向性を確立するときです。プレーヤーとして、あるいはアシスタントコーチとして、自分が従ってきたシステムをただなぞるのではなく、それ以上のことを考えてください。アシスタントコーチをしている何年間かのうちに考察を重ね、自分の組織をどう描くか、よいアイデアがまとまっていれば、これ以上のことはありません。しかし、新しいポジションに就いたあとに内省することも、力になるでしょう。

自分に知恵を貸してくれる人、自分を励まし、挑戦させてくれる人、自分を尊重してくれる人を探し出すことも、糧となります。それに相応しい人は誰か、と考えを巡らせるとき、3章「メンターを持つ」が役立ちます。よきメンターに支えられながら自分の内側に目を向ければ、組織を率いるということはどういうことか、感覚的につかむことができますし、自分の組織に対する理解力も深まるでしょう。

あなたは、建築家のようなものです。自分が持っているビジョン、インスピレーション、デザインを、建てる人に伝えなければなりません。また、あなたはプロジェクトマネジャーでもあります。進捗状況を監督し、自分がデザインしたものを完成させるためにタスクを割り振ります。
そして、そのタスクを効率的に遂行するために、アシスタントがいます。質の高い組織にするには、アシスタントの役目を明確にしておくことが欠かせません。4章「アシスタントコーチ」を読めば、アシスタントコーチとしての役目の範囲を、はっきりと示すことができるはずです。

コーチとしてあなたがするのは、組織のカルチャーを作り上げることです。組織のカルチャーとは、組織全体を包む「方向性」や「雰囲気」だと思ってください。それはピリピリしたものでしょうか？　変わりやすいもの、それとも首尾一貫したものでしょうか？　ルールは理解され、実行されていますか？　指示は明確でしょうか？　コーチと選手は互いにリスペクトする気持ちを表に出していますか？　組織のカルチャーを決めるのはあなたですから、それがこの先どうなるか、想定する必要があります。どのようなカルチャーを作り上げるのか、そして、それを推し進める最善の策とは何か。5章から12章を読めば、見極めやすくなるでしょう。

自分が求める組織のカルチャーが明確になったら、それを今度は言葉と行動に表し、選手・アシスタントコーチ・サポートスタッフに対して、包括的に、そして徹底的に伝えることが重要です。13章から15章ではその方法を説明します。

チームを成功に導く道は、いつもスムーズだとは限りません。避けることのできない緊迫した状況に何度か遭遇するでしょう。自分自身のことをよく知っているか、そして自分が何を成し遂げようとしているのかが明確に分かっていれば、16章から18章までに書いたアドバイスはより理解しやすくなりますし、実行しやすくなります。

あなたがこれから決めなければならないのは、自分のコーチング・スタイルと、それをプレーヤーとスタッフに伝達する手法です。その決定の手助けになるのが、19章から22章です。

次に必要になるのは、チームから信頼を得て、選手がコート上で表現（プレー）できるように準備をすることです。さて、あなたはどのようにしますか？　あなたはチーム（選手、コーチ陣、サポートスタッフ）に対する信頼を態度に表していますか？　そしてチームのほうは、あなたやスタッフに対する信頼を態度に表していますか？　23章から25章まではこうしたトピックを取り上げます。

どのようなビジョンを描き、どう実行するかを決めて、それをチームに伝えたら、次に決めるべきことは、自分たちのチームの、フィールドやフロアでのありようです。どういうプレーが最も効果的か？　力点を置くべきことは何か？　チームの能力や選手の個性よりも、自分のコーチングの型に嵌めることを重視するか、それともコーチングを、チームの能力や選手の個性に合わせることを重視するのか？　26章から30章を読めば、こうした疑問を解く手がかりがつかめるでしょう。

もう一つ大事なステップがあります。それはフィジカル、メンタルの両面から選手を育成することです。たいていのコーチは、フィジカル面での成長に多くの時間をかけ、集中しますので、本書ではそういう問題は取り上げません。その代わり、31章から36章までは、プレーヤーのメンタル面での成長に目を向けてもらいます。

チームを勝利に向かわせるための決断を、ゲーム中に下す。その準備をあなたはしなくてはなりません。野球であれば、いつバントするのか？　フットボールであれば、フォースダウン「4回目の攻撃」の攻めどころをどこにするのか？　本書は、ゲーム中に決断を下す準備の助けになるでしょう。

コーチングとは、単にプレーヤーを集めてフィールドやフロアに放つだけではない。コーチが関わることは、それよりもはるかに多い。これは、ほとんどの人が認めるところでしょう。

それには自分がどういう人間なのか、自分自身を知ることが必要ですし、自分のビジョンを作り上げ、共有し、その実現に必要な、行いの範となる人の協力を取り付けることが必要です。

それだけではありません。成功に近づくためにベストなプレースタイル／プレーモデルを選択すること、プレーヤーをフィジカル面だけでなくメンタル面でも育て上げること、そして采配に優れたゲームコーチであることが必要です。

コーチをするということは、たしかに生易しいものではありません。しかし、読者の皆さんが本書のなかに情報や励ましを見つけ、それが健全で、筋のとおったコーチングにつながればと、私は願っています。

2章　なぜコーチをするのか？

私が何者であるか、どういう経緯でコーチになったのか、そしてどのような動機でこの本を書いたのか。それは「はじめに」を読んでもらえれば、分かると思います。それと同じく重要なのは、皆さん自身がどういう人間であり、なぜコーチという職責に就いたか、ということです。

動機は大きな役割を果たします。自分の任務にどう取り組み、仕事で交流のある人たちとどう関わるのかを決めるのは、動機です。私たちはいかなる者であろうと、自分の動機を満たすためにコーチングします。自分にも他人にも正直であろうとするならば、自分をコーチという地位に立たせている動機がなんであるのか、知らなければなりません。つまり、なぜ自分はコーチをするのかという問いに、答えを出せなくてはならないのです。

コーチとして何が動機となっているのか、より深く理解するためには、次のような問いに対する答えを考える必要があります。

- ●コーチングの何が好きか？
- ●コーチングの何が嫌いか？
- ●どうして、コーチをすることになったのか？
- ●誰に影響を受けたのか？　プラスの影響は？　マイナスの影響は？
- ●自分にとって成功とは何か？　人生における成功とは？　フィールドやコートにおける成功とは？
- ●自分が成し遂げたい、と思っていることは何か？

私の場合、過去を振り返ってみると、プレーをするのが好きだったという以外に、コーチになりたかった理由は見つかりません。自分が大学卒業後もプレーできるほど優秀な選手ではない、ということは分かっていましたので、二つの選択肢があると思いました。審判になるか、コーチになるか。私にとって審判は能力的になれると思えなかったので、コーチを選択しました。コーチになることで、私は競技に関わり続けることができたのです。

コーチという役職に就く理由は人それぞれです。ある人にとってはコーチをすることが、一生の夢です。自分の親や、ハイスクールやカレッジのコーチなど、尊敬する人や強い影響を受けた人の足跡を辿るのです。また、コーチの話は舞い込んでくるものだと思う人もいるでしょう。

コーチという仕事の複雑さ、求められることを、十分に理解したうえでコーチになる人は、ほとんどいません。


私たちのような、すでにコーチという地位についている人間にとっては、なぜコーチであり続けるのか？　という質問のほうが、より適切かもしれません。この問いに対する答えを考えるほうが、コーチとしての姿勢をより深く洞察することができるでしょう。コーチとして「どうあるか」ということは、コーチを「なぜするか」ということと、直接つながっているのです。

私たちが行動を起こすとき、動機がたった一つに限られることは滅多にありませんし、そのすべてが高邁《こうまい》であることも、ほとんどありません。とは言っても、読者の皆さんのコーチになる動機やコーチとしての姿勢を、ジャッジしようというわけではありません。何が自分をコーチという仕事に駆り立てているのかを自覚し、その動機とコーチとしてのあり方との関係を、ぜひ理解してもらいたいのです。

以下のポイントに当てはまるものは、ありますか?

1 スポーツが大好きである。どんな種目にも興味をひかれ、夢中になる。観るのも参加するのも好きである。日々の暮らしの重要な要素である。だとすると、おそらく:

- 競技に対する熱い思いが周囲の人に伝わり、自分と同じく競技が好きになる。
- 競技に夢中になるあまり、普段の生活に支障がでる。

2 選手を大事にしている。選手の人生にいい影響を与えられたら、と思っている。

だとすると、おそらく：

●選手は、コーチが持つ競技に関する知識よりも、自分を大事にしてくれているという事実のほうに関心を寄せる（どうしたらそれが分かるのでしょうか？　例えば、新しい選手がチームに加入したときのコメントを読んでみてください。そのすべてがコーチに向けられたものであり、コーチは、自分がどんなディフェンスをするかよりも、人としての自分を気にかけてくれる、と信じていることが分かります）。

●選手との人間関係において線引きができなくなる。

3

コーチングを、若い人に価値観と行動規範を示す機会、ゲームに関する自分の知識を伝える機会だと捉えている。自分は選手の役に立っている、彼らの人生において重要な役割を果たしている、と感じている。目標とするのは、選手がコートやフィールドの中でも外でも、自分が教えたことを、自信、忍耐、謙虚さをもって行うことである。

だとすると、おそらく：

●選手の人生にプラスの影響を与えると、その影響は、必然的にほかの人にも伝播していく。

●自分の価値観を選手に押し付けることになる。

4

組織のなかで選手との関係を懸命に築こうとしている。ともに汗を流し、一生懸命共通の目標を目指すなかで、強い絆が選手とコーチとのあいだに生まれる、と考えている。

だとすると、おそらく…

●コーチと選手との関係が、生涯の友情になる。

●選手がプレーから身を引くとき、そしてコーチとの人間関係に発展がなかったとき、今後コーチとは関わり合いたくないと選手が考える…そういう選手を見聞きすることが、非常に多くあります。

●コーチが（経済的に、選手として、またその両方で）成功しそうな選手とだけ、人間関係を維持しようとする…これもよく聞く話です。

●私の場合…2、3年前、かつての教え子の父親に偶然会ったとき、「息子はあなたからいかにいい影響を受けたか、いまだに語っていますよ」と言われました。

私はもちろん喜びましたが、特に嬉しかったのは、技術的に傑出していた選手でもなく、出番のほとんどなかった選手がそう語っていたことです。

5

勝ちたいと思っている。勝ち負けにとことんこだわる。

だとすると、おそらく：

●選手間に健全な競争心が生まれる。そして、それが公正に保たれる。

●勝利がもたらされるとき、ほかのすべてが犠牲になっている。

6

競争・勝負の興奮状態（アドレナリンが出ている状態）を好む。ゲーム終了10秒前で1点や2点を競っているときほど、生きていると感じることはない。

だとすると、おそらく：

●プレッシャーがあっても適切にコーチができる。

●興奮状態により冷静な判断ができなくなり、試合結果に悪影響を及ぼす。

7

注目されること、有名になることが嬉しい。

だとすると、おそらく：

●満足できた仕事に対して正当な評価が下されれば、それを喜んで受け取る。

●間違ったやり方で注目を浴びようとする。例えば、わざわざサイドラインから出て他人の注意を引こうとする、またはESPN［スポーツ専門のケーブルテレビ］に映ろうとする。

8

お金のためにコーチする。

だとすると、おそらく：

●成功した仕事の対価として、自分と同じ仕事を似たような状況でしている人と、同等の収入を得る。

●収入を増やすことがいちばんの目的となり、そのためにしばしば、組織やそれに関わる人が犠牲になる。

●私の場合：プロや大学のコーチから何回か、「私はクビになっても構わない。5年契約を結んだから、一生安泰だ」という言葉を聞いたことがあります。このようなコーチ側の姿勢は、組織全体に広がっていきます。

以上にいくつかコーチである動機を挙げましたが、これらは数多いるコーチの典型的な例であり、これからコーチの道に進もうか、あるいはコーチをこれからも続けようか、と決断する際の材料になります。

いずれにしてもなんらかの成り行きが予想され、それにはプラス面とマイナス面の両方がありますが、どちらであってもコーチの姿勢、ひいては、組織全体に影響を与えます。もし、こうした動機からコーチが身勝手な行動を起こせば（組織を通じて自分を売り込もうとする、などすれば）、選手やスタッフにとっては、コーチ自身とそのやり方を信頼し、サポートすることが、苦になるでしょう。

自分がなぜコーチをするのか、自分で、その理由をよく考えてみましょう。自分に正直になってください。動機の背後に自分の信念を探すのです。

例えば、勝たなければ、という意志が動機になっている場合、負けるということについて思っていること、あるいは負けることから学んだことについて、自分自身を問いただしてみます。過去に学んだことは、今考えても正しい学びであったと思いますか？　その考えを証明すること、または反証となることを学びましたか？　勝たなければ、という信念を改める必要は、ありますか？

自分が間違った信念のもとに行動していたこと、つまり、その信念がもはや自分のためにならないことが分かったら、そのことについて、誰かと話し合ってみたほうがいいでしょう。信頼のおける人、その判断や経験が自分に洞察をもたらしてくれる人です。この役目を果たすのが、メンターという存在です。

二つ、確実に言えることがあります‥

（1）ある行動は、ある決まった信念から生まれる。

（2）同じ振る舞いは、同じ結果を生む。

ということです。コーチとして成功するか否かの何割かは、他者にどう認識されているかにかかっています。そして、他者にどう認識されるかの何割かは、あなたの振る舞いにかかっているのです。あなたをコーチたらしめている、その動機は何か。それはすべて、あなたのコーチとしてのあり方に映し出されるのです。

ノースカロライナ大学の前コーチ、ディーン・スミス氏は私が一目置く人物ですが、なぜコーチであるのかというその動機は、彼のコーチングスタイルに如実に表れていました。敬意に満ち、首尾一貫している。このコーチとしてのあり方ゆえに、彼は職業を同じくする多くの人から、称賛と敬意を集めたのです。

コーチという職から退くとき、あなたはどのように思われるでしょう？

3章　メンターを持つ

コーチングには、自分と考えを分かち合い、アドバイスを仰ぎ、その経験に学ばせてもらう人――メンターという存在が欠かせません。しかしそのような人を見つけるには、時間と思考を要することもあります。

もちろん、自身の競技経験も、コーチとしての進化、コーチングの捉え方に、大いに役立ちます。私たちコーチのほとんどは、選手時代に何人ものコーチから指導を受けてきました。そしてコーチの世界に一たび入れば、そのほかにも、たくさんのコーチと接することがあります。メンターの候補として考えられるのは、このような人たちです。

たいていの場合、自分にはメンターが必要かどうか、そして誰をメンターにすべきかどうかをじっくりと決めれば、コーチとしての働きはメンターによって向上すると、私は思っています。

変わりたくないという頑固な気持ちやプライドから、考えを共有する人を探そうとしないことは、よくあります。あるいは、メンターを探すことに労力をかけず、易きに流れ、高校や大学でコーチだった人や、旧知の人物にメンター役になってもらうこともあります。その場合、人間関係がすでに出来上がっているので、関係性を発展させようと努力する必要はありません。


コーチと選手といった、決まった立場から発展した人間関係には、独自の特色・特徴があるものです。ある人の立場が変わったとき（例えば選手からコーチになったとき）、現役時代の選手とコーチの関係がそのまま「膠着《こうちゃく》する」こともあり得ます。同僚のコーチとの人間関係は、対等な立場を基本にしなければなりません。どちらかの経験が長く、その結果メンター的な立場にもなることもありますが、その経験は、「より大きなパワーを持つこと」や「支配すること」とイコールにはなりません。

メンター・メンティー「助言を受ける側」の関係では、お互いに尊重し合い、理解し合うことから関係を構築しなければならない。これが鍵だと私は考えています。この相互関係を築く責任は両者にありますが、尊敬されるポジションを敢えて「手放す」ことによって相対的にメンティーのパワーを高め、関係の発展を促すことができるのは、メンターだけです。そして結局それが、メンター・メンティーという関係の目指すところなのです。

では、メンターを持つことは、プラスになるのでしょうか？　即答するなら、それはイエスとなるでしょう。しかし、だめなメンターを持つぐらいなら、いないほうがましです。メンターとは、あなたのコーチとしての成長・進化を促すような人でなければなりません。また、メンターに頼るようになり、ヒントではなく答えを求めるようになってしまっても、コーチとしての成長は止まる可能性があります。

一般的に言って、コーチは若いほうが、メンターのいるメリットは大きくなります。デューク大学バスケットボールチームのヘッドコーチ、マイク・シャシェフスキー氏は、経験を積んだ年長のコーチにスタッフとして常にいてほしいことも、かつてはあった、と言います。しかしあるとき、それはもう必要なくなりました。彼自身が年長の経験豊富なコーチになったのです。もう彼のスタッフにメンターはいないでしょう。しかし、必要なときに連絡をとれる人が一人や二人はいるのではないかと、私は想像しています。

以下に書いたことは、自分にメンターが必要かどうか、またメンターを誰にすべきかを考えるときに基準となるポイントです。

1 メンターを持ちたいという、その目的はなんでしょうか？ コーチの多くは、真実を言ってくれる人がほしい、と言うでしょうが、実際は本当のことを言われるのが嫌な人もいます。

2 メンターとなる人は、あなたが聞きたくなくても、本当のことを言ってくれるでしょうか？ 成長し、進化できるように、自分自身に目を向けろと言ってくれるでしょうか？ それとも、あなたが聞きたいだろうと思う言葉だけを発するでしょうか？

3 メンターの動機はなんでしょうか？ メンターは本当にあなたのことを思い、最高のコーチになってほしいと思っていますか？ それとも、自分を認めてもらいたいと思っているのでしょうか？ メンターは自分の利益につながることばかり考えている人間ですか？

4 メンターは、あなたとあなたの組織が意図すること、あなたが成し遂げたいと思っていることを知っている必要があります。例えば、技術よりも運動能力に優れた選手を使って組織を作り上げるべきだ、とあなたが思っていたとしても、メンターとなる人が、運動能力よりも技術のある選手を使って組織を作り上げるべきだと信じていた場合、プレースタイル／プレーモデルについて考えを伝え合っても、収穫はないでしょう。

5

メンターは、最新状況をつかんでいますか？　チームとあなたの組織の現状が、頭に入っているでしょうか？　メンターとはいつも連絡がとれますか？　テクノロジーが進んだ今、近くに住んでいる必要はないかもしれません。しかし、メンターにはすぐに連絡がつかないとならないのです。

では、ここにまとめとして、コーチとしての自分に問うべき質問をいくつか挙げます。

コーチとしての自分への質問

●自分にはメンターがいるか？

●メンターがいる場合、自分やチームが向上する力となり、効果があがっているか？
●メンターがいない場合、いるべきだと思うか？
●もしメンターが必要だと思ったら、ただ単に都合のいい人ではなく、自分に最も合う人を、時間をかけて選ぶ気があるか？
●メンターの言おうとすることが、たとえ耳の痛いことだったとしても、聞く気があるか？

映画『ゴッドファーザー』を観たことがありますか？　ドンは常にコンシリエーレ（相談役）を自分の周りに置いて、選択肢を絞るときに、頼りにしていました。メンターは、親友である必要はありません。むしろそうであってはなりません。前に挙げた基準を満たしていればいいのです。

よいメンターを見つけましょう。そうすれば、あなたにとっても、あなたの組織にとっても、思わぬ収穫があることでしょう。

4章　アシスタントコーチ

アシスタントコーチとは、独特なポジションです。業務や任務という点ではヘッドコーチと共通している点があるものの、チームへの影響力、権限は同じではありません。アイデアを提案することはあっても、最終決断を下すことはほとんどありません。

アシスタントコーチとして仕事を始めようというときは、自分に合った組織を見つけることが重要です。とはいえ、コーチの仕事は容易に見つかりませんから、それがいつでも可能とは限りません。それでも、コーチの仕事に応募する際は、組織側から自分は見定められるが自分のほうも組織を吟味するのだ、ということを忘れないでください。

自分に対して、こう聞いてみてください：
自分のビジョン、目標、仕事の進め方は、ヘッドコーチと似ているか？　ヘッドコーチは尊敬できる人で、その人の下なら仕事が楽しめるか？　ヘッドコーチはすべての状況や人をコントロールできないと、納得がいかない人か？　細かく管理する人か？　本来の自分のままでいさせてくれるか？　ヘッドコーチは自分の役割を特にはっきりと決めているか？　自分の役目に満足できるか？　コーチングスタッフは馴染めそうな人たちか？

これは、仕事を受ける前に自分に問うべきものです。「誰の下でも仕事はできるよ」というコーチたちの言葉を、私は何度も聞かされてきましたが、その実、彼らも1、2年すると、「合わなかった」と言って、職を離れるのです。

就職面接とは、双方向のものです。いくつも質問をして、あとで自分の決定を悔やむことがないようにしましょう。心のどこかでその組織に違和感があれば、ヘッドコーチを支えることや、選手をリクルートする際に、自信を持って説得、勧誘することはできないでしょう。

忘れてならないのは、あなたはチームの一員だということです。その立場で、生産的に働く方法を身につけなければなりません。さまざまな役割と業務に対する責任があるなか、いろいろな人と異なるやり方で、うまく仕事をこなさなければならないのです。

アシスタントコーチは、ときとして気まずい状況や、難しい状況に置かれることもあります。どのように対処していいか、分からなくなってしまうこともあるでしょう。

もちろん、あなたの役割に大きく影響するのは、上司であるヘッドコーチです。しかし、自分の役目を理解し、受け入れれば、難しい決断をするときに頼りにする基盤を作ることができます。以下のガイドラインを読めば、アシスタントコーチの役割を十分に理解できるかと思います。

アシスタントコーチの5つの資質を養う

以下に挙げた、アシスタントコーチとしての5つの資質を頭のなかに入れておけば、今以上の仕事ができますし、ヘッドコーチとの職務上の関係もスムーズになるでしょう。

1　忠誠心

アシスタントコーチはヘッドコーチに仕える仕事です。どの選手を起用するのか、どのようなスタイルでチームがプレーするのか、どのように練習を行うのか。こういった問題に関しては、ひたすらに忠誠であるべきです。なぜならそれは、ヘッドコーチが決めたことだからです。あなたは、賛同しようがしまいが、ヘッドコーチのビジョンを実現するために、100パーセントの力を尽くさなければなりません。ときには、ヘッドコーチの判断に賛成しかねることもあるでしょう。忠誠心を持ち続けることがさらに難しくなるのは、ヘッドコーチのやり方が、自分の価値観や指針に反する場合です。そのような状況にどう取り組むかというテンプレートはありませんが、14章に書いてあることが、忠誠心の問題に直面したときのアドバイスになるでしょう。

2

ビジョンの理解

ヘッドコーチが持っている組織のビジョンとは、なんでしょうか？　どのような組織にしたいと思っているのでしょうか？　それを一度理解すれば、自分はどう動くべきか、ある状況ではどのように対応するべきか、判断しやすくなります。

3

マネジメントスタイルの理解

ヘッドコーチはどのようにチームをマネジメントしていますか？　ここで忘れてならないのは、自分がヘッドコーチに合わせるのであって、ヘッドコーチが自分に合わせるのではない、ということです。

4　当事者意識

組織はあなたのものでもあります。あなたはその一部です。自分の名前と組織を切り離すことはできません。チームが勝てば、あなたの勝ちでもあり、チームが負ければ、あなたの負けでもあります。自身をチームの一部と考え行動することで、組織にとってより大きな存在になりますし、ヘッドコーチのポジションへの道も近づきます。

5　組織とヘッドコーチをうまく売り出す

あなたは自分自身だけではなく、チームとヘッドコーチを代表する人物でもあるということを、常に覚えていなければなりません。事実、あなたが重視すべきは、組織でありヘッドコーチです。

実りあるコミュニケーションを実現する

アシスタントコーチの仕事には、もう一つの重要な側面があります。
それはコミュニケーションをとることです。自分たちの組織について、さまざまな人たち（例えば、ヘッドコーチ、同僚のアシスタントコーチ、選手、トレーナー、マネジャー、アカデミックアドバイザー［学生相談担当者］、ファシリティマネジャー［施設管理者］）と実のあるコミュニケーションをとる必要があります。

今何が起きているのか、全員が必ず把握していることが、何をおいても重要です。

1 タイミング

ヘッドコーチというものは、たいてい仕事に追われています。いつ問題や課題を報告するべきか、頃合いを分かっていることが肝心です。その問題は緊急を要するか、それとも待つことができるか？ 自分の頭で考えてみましょう。今はその問題について上司に話すのに、ベストなタイミングか？ それとも、自分のほうに都合がいいだけなのか？ 熱意とやる気にあふれる若いコーチは（それ自体はとてもいいことですが）、得てしてヘッドコーチのオフィスに、脇目も振らずに駆け込むものです。そうする前に、一息ついてみてください。あなたにとっては一大事であっても、ヘッドコーチがそのときに抱えていることに比べれば、大きな海のなかのたった一滴の水滴にすぎないかもしれません。もちろん本当に重要なこと（ヘッドコーチや組織を悩ませかねないこと）は、できるだけ早く耳に入れるべきです。

2 スタッフ同士の意思の疎通

気持ちいい関係を築くために、割り当てられた以上の仕事をしましょう。たいていスタッフのなかには、特に仲がいい人が出てくるものです。しかし、誰それとはあまり関係がない、と言って済ませるのはよくありません。同僚全員と働きやすい、よい関係を作るために、人一倍努力をしましょう。スタッフ間にあつれきや緊張を生む存在であってはいけません。

3 選手との関係

選手のことをよく理解しましょう。選手との関係を構築するのは大変です。気に入った選手、自分のメソッドをすぐに飲み込んでくれる選手だけを選り好んで結びつきを強めたりしないよう、気をつけましょう。選手にとっては、腹の内を明かせる相手であること、そのいっぽうでは、ヘッドコーチと組織に対して忠誠を尽くすこと。この二つのバランスを意識してください。ヘッドコーチの意に反したプレーをさせれば、教え子のためにも、組織のためにもなりません。

4　共感

頻繁にコミュニケーションをとる人のことを理解し、相手の視点でものを考えるように努めましょう。そうすれば、相手の言うこと、気がかりなことが前よりも分かるようになりますし、ひいては、コミュニケーションが円滑になります。

意思決定に参加する

アシスタントコーチであるあなたが最終決定を下すことは、通常はありません。しかし、将来的に意思決定のプロセスに参加することは多くなるでしょう。チームと組織に何が必要かを予測し、計画を立てる腕を磨くことが重要です。

1　慎重に考える、リサーチする

組織に変化が必要だと提案する際に、何よりも役立つのは、リサーチし熟考を重ねたうえでの提案です。リサーチもされていない案を持ち出すのは、ただのブレーンストーミングです。そうすべき時と場所もありますが、ブレーンストーミングと熟考を重ねた提案との違いを、必ず分かっていなければなりません。

2 予期する、先読みする

自分たちに欠けているのは何か？ 改善できるのは何か？ どのようにしたら、よりよい指導ができるのか？ よりよいリクルートの方法はあるのか？ 次の週、次の月、次の年。そのとき、自分たちはどこにいるのか？ これから変えなければいけないことは何か？ 後手に回らず、先手を打つのです。

3 セルフスターターであれ

自分から動くセルフスターターであることは、自発性の表れだけではありません。自信があるしるしでもあります。与えられた職責のなかで積極的に動きましょう。それはどういうことでしょうか？ 例えば1－2－2ゾーンプレスに関するアイデアを思いつくのは、簡単です。しかし、リサーチを行い、動画を入手し、準備をしたうえで、なぜそれが効果的かヘッドコーチを納得させるのは、それとは別問題であり、まったく次元が違います。

4 ヘッドコーチの立場で考える

何をしたらよいか確信が持てないときは、自問してみましょう。ヘッドコーチだったら自分にどうしてもらいたいか？　答えが出たら、自分の頭とスキルを使ってそれに応えればいいのです。

5　25パーセントルールを適用する

自分のなかにあるアシスタントコーチとしての強みをいくつか見つけましょう。そして、それを武器にします。弱みを見つけたら、それを25パーセント改善します（この25パーセントルールについては、32章でより詳しく説明します）。

6　問題点ではなく解決策を提示する

ヘッドコーチは、答えを出すためのアシストを期待しています。「相手の勢いが止められない」、「リバウンドがとれていない」、と告げるだけのアシスタントは必要ないのです。それはヘッドコーチにも見えています。ヘッドコーチが知りたいのは、どうやってそれを解決するか、なのです。

精神的な安定を得る

精神的に健康な状態で仕事をしましょう。問題を背負い込んでいないか、確認してください。もしそうなら、それを無くすか、減らす努力をすること。次のアドバイスがその参考になるでしょう。

1　自分の立場を知る

あなたはアシスタントコーチという重要な役職についていますが、アシスタントは注目を浴びる存在ではありません。それをいつも覚えておいてください。試合中、あるいは選手のリクルートで、あなたは成果をあげているかもしれません。それでも、それをアピールするのは、あなたの仕事ではありません。もしかしたらヘッドコーチが称賛するかもしれませんし、そうすればあなたの功績は認められることもあるでしょう。アシスタントコーチとしてのあなたの役目は、組織の一部分であることなのです。

2　嫉妬心を抱かない

同僚のアシスタントコーチが素晴らしいアイデアを思いついたり、優秀な選手を発掘したり、ということは往々にしてあるものです。そのときは、そのコーチやチームと一緒に喜びましょう。常に注目や称賛を求めるようなアシスタントコーチにはならないように。

3 批判を受け入れる

たしかに、ヘッドコーチから不当な批判を受けることもたまにあるでしょう。そのような場合もうまく対処ください。

アシスタントコーチである以上、不愉快な、妥協せざるを得ない立場に置かれるのは、ままあることです。これは間違いありません。しかし、不測の事態が起きることを見越しておけば、その先のトラブルや影響を少なくすることができます。自分の役目をより深く理解することで、問題が起きないように、さまざまな策を施すことができます。本章のガイドラインが力になればと思っています。

第２クオーター
人間としての自分

5章　自分を定義づけるものとは？

娘のメリッサとエイミーが大学生だったとき、彼女たちから聞かされたことがあります。幼いころ、自分の父親がコーチをしているチームが金曜の夜に勝つと、いつも嬉しくなった、と言うのです。二人とも熱狂的なスポーツファンではなく、私のコーチ人生とは異なるフィールドに興味を持っていたため、不思議に思った私はその理由を尋ねてみました。すると、勝つと穏やかな週末になったから、と話してくれました。要するに、自分の父親の、敗戦に向き合う能力に太鼓判は押せない、ということだったのです。

コーチにとって敗戦は、ときとして人格を否定されているような気持ちにさせるものです。自分の判断の何が間違っていたのか、ほかにやり方があったのではないかと、自問するのです。

家族や友人への接し方は、試合の結果次第で変わってしまいます。不機嫌になったり、落ち込んだり、怒りを表したりすることが、あるのではないでしょうか。そうでなくても、負けたせいで自分と周りの人の生活に影響が出る、ということはよくあります。

しかし事実として、負けたときも、勝ったときも、私たちは何も変わらない、同じコーチ、同じ人間なのです。実際、勝ったゲームより負けたゲームでのコーチングのほうがよかった、ということもあり得ます。たった1試合の勝ち負けでコーチとしての自己評価が揺らぎ、他者への接し方が変わってしまうのでは、結果だけにこだわりすぎている、ということになります。一度の結果によって自分の「人間性」が変わることはありません。

ラスト1秒、ブザーと同時に決められたショットで負けた自分たちの試合を、私は覚えています。同じ状況を体験した多くのコーチと同じように、ショックに打ちのめされた私は車に乗り込み、気がつけば150キロ近く離れたミシガン州のフリントまで来ていました。そこでバーガーキングのドライブスルーに寄ると、私は家に帰りました。

このとき私は敗戦によって、自分という人間に、コーチとしても人としても敗北者であると、烙印を押したのです。言うまでもなくみじめな週末になりましたが、それは自分だけではなく、家族や友人にまで、影を落としました。

コーチのなかには、自分を勝ち負けだけでなく、肩書で定義づける人もたくさんいます。こういう人が幅を利かせるのは、自分が注目の的になるような世界、自分の職業だけが話題の中心になるような世界、自分たち以外は邪魔に思えるような世界です。どんなレベルでも、コーチは注目を浴びます。中学や高校のコーチは地域中に知られた存在ですし、地元の人からチームについて聞かれることもあります。大学のコーチ、それも強豪チームのコーチともなれば、かなりの有名人となって、注目が集まります。

コーチの行いは重要です。コーチは若い人にたくさんのライフスキルを教えます。しかし、コーチ以外の人も同じように若い人にライフスキルを教えることがあります。自分だけが特別と考えず、コーチとしてだけではなく、一人の人間として自分を高める努力をしましょう。

このことを痛感させられたのは、コーチとして17年間働いたあと、気づけばコーチの職から1年間離れていたときのことです。

ある12月初めの金曜日の夜、私はスーパーで買い物をしていました。「ここにいる人たちは一体何をしているのだろう？　ハイスクールのゲームをやっているのを知らないのか？

関心がないのか？」。実際、彼らのほとんどは、ゲームがあることを知らなかったでしょうし、知っていたとしても、どうでもよかったのだろうと思います。

あまりにも長いあいだ、高校のコーチという世界にどっぷりと浸かっていたために、コーチたる自分の行動の重要性に対し、ゆがんだ認識を持っていたのです。

幸運なことに、私はかつてウィスコンシン大学グリーンベイ校のチームで、6年間仕事をさせてもらえました。

ヘッドコーチのトッド・コヴァルチックは、コーチとしての自分、一人の人間としての自分を、誰よりもよく理解している人物です。激務をこなし、組織に対して、ものすごいエネルギーを注ぎます。しかしいっぽうでは、自分のことをコーチとしてのトッドではなく、一人の人間としてのトッドとして考えています。彼はよき夫であり、父であり、友人でもあります。勝てば嬉しいし、負ければ傷つく。それでも勝敗によって、コーチとしての定義、人としての定義が変わるわけではありません。

可能な限り、トッドは水曜日の夜、友人と一緒に夕食をとります。私も3回か4回、出席したことがありますが、そこに集まる人の多彩さには驚かされます。政治家、スポーツ関係者、中小企業の経営者、各界のプロフェッショナル。スポーツも話題にのぼりますが、たくさんあるトピックのうちの一つにすぎません。トッドはグループの一員です。コヴァルチックコーチではなく、トッド。彼は会話の中心にはいません。それで満足している、というだけでなく、その状況が好きなのです。

コーチとしての仕事は、自分たちにとっても、一緒に働く人にとっても、観戦を楽しむファンにとっても重要ですが、大切なことは、自分たちの周り以外にもたくさんあります。トッド・コヴァルチックのように、コーチ以外の世界に関心を向けることも大事です。

コーチとしてだけではなく、個人としての自分を大切にしながら、スポーツというフィールドの外にいる人々との交流に、そして自分自身に投資すべきなのです。

6章　自分は健康か？

長期にわたって結果を出し続けるコーチでいるには、健康でなければいけません。体の健康と心の健康。両方とも、コーチのパフォーマンスに影響します。

自分の健康を顧みないコーチは珍しくありませんが、その理由は、彼らに言わせれば、時間がないからです。勤務時間は週に80時間から１００時間にも及びます。やらなければならないことが、多すぎるのです。しかし実のところ、自分自身のケアに時間をかけないでいる場合ではないのです。

特にここ何年間かは、身体的あるいは精神的に不健康という理由から、休職、解雇、辞職に追い込まれる極端な例がいくつもありました。肥満症、心臓疾患、薬物依存、アルコール依存、性依存、ギャンブル依存を患っているコーチたちです。おそらく、まだ表沙汰になっていないというだけで、同じような問題を抱えているコーチは、このほかにもきっといることでしょう。
コーチとはストレスの多い仕事です。そしてそのストレスは、キャリアや私生活への影響を無視すると、一層ひどくなります。不健康なコーチは、忍耐力、集中力、セルフコントロールを失います。そしてそれは周囲の人、つまり選手、同僚、友人、家族にまで伝わっていきます。誰にとっても理不尽な話です。

ではまず、身体的な健康から見ていきましょう。意識して体を健康にするということは、生活習慣の改善に取り組むということです。コーチには、なおさらたゆまぬ努力が求められます。勤務時間が長い、遠征が多い、夜遅くまで起きている、という生活では、食事、睡眠が不規則になり、日常的な運動をするのは難しくなります。カフェインに頼ることもできるかもしれませんが、それにも限界があります。

1　睡眠

- 毎晩十分に休みをとる。
- 睡眠不足のまま働かなければならない場合は、そのあとにできるだけ早く軌道修正をする。

2　適切な食事

●ファストフードを避ける。
●炭酸飲料、お酒、コーヒーはほどほどにする。
●水をたくさん飲む。
●果物と野菜をたくさんとる。

3　運動

●1日45～60分間の運動を、週に4～5日行う。
●そのなかで、ストレッチ、有酸素運動、筋力トレーニングを行う。
●ストレングスコーチかトレーナーに相談して、自分に合ったトレーニングプログラム作りに協力してもらう。

心の健康の重要性は、体の健康と同じです。しかし、体の健康は、心の健康の強い支えになります。体の健康に気を遣っていなければ、心の健康を損なう可能性は非常に高くなります。

コーチという仕事は、その置かれている立場によって度合は違うものの、社会、地域から注目される仕事です。だからこそ心の問題に直面することがよくあります。世間の注目が、心の底にいつも抱えている不安定な気持ちを、表に引き出してしまうのです。そうすると、その不安定な気持ちを覆い隠したり抑え込んだりして、なるべく悟られまいと、コーチは頑張ってしまいます。

コーチを悩ます精神的な問題にはどんなものがあるでしょうか？

- **妄想症**
- **不安感**
- **パワーの乱用**
- **「自分たち以外はすべて敵」というメンタリティ**
- **依存症**

依存症はどんなタイプのものであっても、依存対象が依存者のすべてを占有するものです。依存者の日ごろの生活のなかで、依存対象に取って代わるものはありません。ある特定の物質や行動に依存している人は、その依存状態のままコーチの任に応えようとして、つらい思いをすることになります。

もちろん依存対象がコーチングの場合は、立派な仕事依存症です。他業種の仕事依存症と同じように、コーチの仕事依存症は、自分を顧みることなく時間とエネルギーを捧げているかのような姿が称賛されます。アルコール依存症やギャンブル依存症の人と違い、仕事依存症のコーチが、世間から非難を浴びることはありません。しかし皮肉なことに、コーチが受ける称賛も、結局は依存症を強めてしまうのです。

コーチ、それもヘッドコーチは、孤独な職業です。その孤独感がしばしば一種の不安感、つまりすべての人が敵に見える偏執性妄想に、変化します。そして疑い深くなり、「自分たち以外はすべて敵」というメンタリティに頼ることになります。

この「自分たち以外はすべて敵」というメンタリティは、適度にあれば原動力となり、特にアウェイゲームでは力を発揮しますが、度を越すと、どうしても選手やアシスタントコーチに忠誠心を強要することになります。そして、結果的に権力を行使して組織に関わるあらゆる人から忠誠心を無理やり引き出すことになるのです。

数年前、ロッカールームにいたときのことを、私ははっきりと覚えています。あれは大敗を喫した試合後のことでした。ヘッドコーチが黒板に大きな円を描き、もし自分がこの円の「中」にいる、つまりヘッドコーチに忠誠を誓うのならば、この円の中に名前をサインしろ、と全員に告げたのです。

一見、これはさほど悪いアイデアには思えませんでした。なぜなら、アシスタントコーチや選手が、それぞれの都合だけで「中」か「外」のどちらかを選べるようなら、成功を手にすることはできないからです。しかし、このときは、そうした考え通りに事は運びませんでした。

この件では、コーチは自分のとったあらゆる行動を、サインで正当化しました。サインを我々の顔の前に突きつけ、それを力として行使したのです。この指導は、精神的に不健康なものでした。コーチ以外は全員信用しないよう、選手は教わったわけです。選手たちはこうした状況に耐えるか、コーチの正当化を受け入れるかしかありませんでした。コーチの不安定な気持ち、妄想症、人間不信は、シーズン中続きました。

精神的な不健康の原因は、ネガティブな考え方です。心の不健康と思考とが、どうネガティブにつながっているか、そのもとを辿ることは可能です。私たちは、自分のなかにある悪い考えや、行動を人のせいにしたがるものです。

しかし実のところ、責任は自分にあります。

このことを理解し前提として行動すれば、コーチは自分と選手とのあいだに不健全なつながりができることを減らせますし、その根を深くせずに済むのです。

例えば、選手がコーチから何か言われたときに、眉をひそめて、納得がいかない表情をしたとします。私がコーチをしていたときにもありましたし、皆さんもこのような状況に遭遇したことがあると思います。コーチは、このような選手の行為（この場合は眉をひそめること）イコール選手の本音と把握し、それを踏まえたうえで、その行為に対応したり、反応したりします。私たちはたいてい、眉をひそめる行為を、コーチに対する疑心ととるか、うるさがられていると解釈します。どちらも尊敬を欠いた態度です。

それに対してコーチは「対応」あるいは「反応」するでしょう。コーチが「対応」するならば、その行為によって人に不快感を与えかねないこと、そしてその行為がなんらかの結果を招くことを、指摘するでしょう。一方、コーチが「反応」するならば、選手の態度により、自分の権威が脅かされたという不健康な考えを持ってしまいます。この場合は、選手に対して「爆発」しないとも限りません。ほんの些細なことかもしれないのに、暴言を吐く人もいるでしょう。

このような問題に向き合わない、ということではありません。尊敬を欠いた態度、不適切な態度への対処を間違えると、不穏な空気を生み出します。組織に関わるすべての人が、許容範囲がどこまでなのかということ、そして許容範囲を超える態度や振る舞いは許されないということを、知るべきです。

通常、これはコーチの責任の範囲ではないかもしれませんが、選手やその他の人に力を貸し、不適切な態度に出てしまった理由を自分で理解できるようにさせれば、組織の成功に貢献することになると思います。選手の気持ちが高ぶったとき（誰かの行動や、言葉に反応して爆発寸前の状態のとき）に、自分がどういう言葉を放っているか気づかせれば、彼らは自分が発したメッセージを修正して、違う形で対応することができるかもしれないのです。

さて、眉をひそめた選手の話に戻ります。まず、このような態度となって表れた、選手の内なるメッセージがなんであったのか、考えてみましょう。

例えば、コーチはある選手に対して、セットプレーのポジションが間違っていたことを厳しい口調で教えます。そこで選手は眉をひそめます。なぜ？　理由はいくらでも考えられますが、コーチの権威を脅かそうという意図は、一つもありません。もしかしたらコーチの声のトーンで、自分の親や前のコーチから何度も叱られたことを思い出したのかもしれません。それは「何をやっても自分はだめだ」と思うようになったきっかけかもしれません。要するに選手の反応は、今のコーチよりも、親や前のコーチとの過去の関係に対するものかもしれないのです。

コーチとしては、自分が普段から尊敬されるに値すると思っていれば、他人からこのように敬意の欠いた態度をとられても、脅威に感じることはありません。それに対処する必要はありますが、コーチが不適切な対応をとる必要はないのです。私の場合、自分のキャリアを振り返ってみると、不適切な対応をとったこともありました。なぜなら、そういうときの私は精神上、健康ではなかったからです。

精神的に健康であることをモットーとしている人には、次のような行動特性があります。

●さまざまな状況に、賢明な大人のやり方で対処する。
●効果的なコーチングの邪魔になるような悪習がない。
●不健全な人間関係がない。
●何か問題があった場合、どんな問題であれ、生産的な方法（心理療法、自助努力など）で取り組み、チームに問題を持ち込まない。

最近私は、あるコーチの父親に聞いてみました。自分の息子に対し、コーチになるうえでのアドバイスをしたことがあるか、と。すると「一つだけ」という言葉のあと、「本当の意味で成功するためには、自分の内面が平和で平穏でなければだめだ。そうでなければ、自分自身にも、コーチとして成功することにも影響が出る」、という答えが続きました。

なんと奥深いアドバイスでしょうか。私がトレーニングをしているジムには、ある標語が掲げられています。心の平和と平穏についての言葉です。

「1日を始めるとき、5分間自分の内側に目を向けてください。じっと座り、目を閉じて、リラックスして行いましょう。自分の呼吸に集中して、自分のいる世界をシンプルで平穏にしましょう」

コーチとして、指導する選手たちに対して示せる最高の手本とは、人生のバランスを考えた健康な一人の人間の姿です。そして、同じように健康や、人生のバランスを大切にしている他者を尊重している姿です。健康な人間が作る組織は健康な組織です。そして健康な組織は、選手として、スタッフとして関わる人を育てます。

自分に尋ねてみてください。自分はコーチとして「そのもとでプレーしたいと思うコーチか？　選手を奮い立たせ、人生の教訓を与え、健康な態度を示す手本であるか？」。

身体的にも精神的にも健康になるということは、一つのプロセスです。そのプロセスにおいては、アスリートのトレーニングと同じような不断の努力と自己鍛錬が求められます。しかし、スポーツでトレーニング効果が続くのは、そのスポーツをしているあいだに限られますが、心も体も健康でいることのメリットは、一生続くのです。

7章　自分を動かすものは何か？

コーチという、あなたのいるポジションには、パワーとコントロールがあります。あなたの下す決断は、チームのメンバーの人生に影響を与えます。そのため、こうした決定を左右する動機を理解することは、重要です。

自分を何が動かすのか。それを見極めるには、一つ方法があります。それは、自分の下した判断でメリットがあるのは誰か、ニーズが満たされるのは誰か、考えてみることです。もし自分の判断がメンバーの誰のメリットにもならない、チーム全体のためにもならない、そのどちらでもないにせよ生産的でない、となったら、その判断は正しいとは言えません。実際には、逆効果となり、いずれ問題を引き起こすかもしれません。

私は、ある火曜日の夜に惜敗したあとのことを、鮮明に思い出せます。当時私は高校のコーチでしたが、金曜夜の試合に備えて、水曜日と木曜日は、非常に激しく、強度の高い、基本に立ち返った練習にしようと決めました。実際、水曜日と木曜日には素晴らしい練習ができました。しかし、金曜日の夜、勝てるはずのチームに、またもや負けてしまったのです。

火曜日に負けたのは、ゾーンディフェンスに対するオフェンスの準備がおろそかだったからですが、金曜日も同じ結果になりました。チームに必要だったのは、ゾーンディフェンスをもっとよく理解し、その対策の練習をすることでした。ところが私の下した決断は、激しさと選手の士気を高めることに集中する、というものでした。選手はそれによく応えてくれましたが、問題はそこではありませんでした。

思い返すと、私の動機が自分勝手だったのだと思います。火曜日の敗戦に私は気を落としていました。水曜日と木曜日の練習は、自分の気を晴らすためのものだったのです。

かつて、大学でコーチをしている人から試合直後に電話をもらったことがあります。チームは勝ったものの、試合後、チームメンバーとスタッフをひどく叱責してしまったと言ってきました。なぜかと尋ねると、フラストレーションがたまる試合で、イライラして頭にきたから、とのことでした。そこで、チームメンバーとスタッフは叱られるようなことをしたのか、叱ることが彼らのためになったのか、と私が聞くと、そうではない、と彼は認めました。イライラしていた彼にとっては、そのフラストレーションを表に出して、自分自身がすっきりしたいがための言動であったのです。

しかし、厳しい練習を課すな、選手に注意をするな、ということではありません。もちろん、それはやっていいことです。それがベストな行動だというときも、あるでしょう。重要なのは、なぜそういう判断を下し、行動をとっているか、ということです：プレーや組織の向上のためか？　それとも自分の欲求を満たすためか？

あなたはコーチとして、いつでも無私の精神から行動する、というわけにはいきません。あなたも人間です。あなたにできるのは、自分の動機を認識すること、その動機があなたの物事への対応に影響する理由を理解すること、そして、その対応がいつも適切で正しくあるように最善を尽くすことです。

自分の動機を認識するための、注意事項をいくつかまとめました：

●あなたが今持っている思考、感情はどのように湧きましたか？　どのような心境ですか？　今、対応しているのは、実際に起きていることに対してですか？　それともそのことが引き起こした自分の感情に対してでしょうか？

●ニーズが満たされるのは誰でしょうか？　選手、チーム、組織？　それとも自分だけでしょうか？　自分自身のニーズを満たそうとして、その場しのぎの解決策を探しても、そのときは気も晴れるかもしれませんが、後々、人間関係のトラブルのもとになる可能性もあります。

●フラストレーションのもとはなんでしょうか？　立場上許されるという理由だけで、非のない相手にイライラをぶつけるのは、アンフェアです。試合会場に行く道を間違えたバスの運転手にイライラしたからといって、チームに怒鳴り散らすのは、不適切な行為です。

以下は、行動の動機について自分に問うための、質問事項です：

行動の動機とは？　自分への質問

●コーチとして決断を下すとき、そのきっかけとなったものが何か、よく考えようとしているか？

●チームにとって最善のことを行おうという思いが行動の動機であるべき、と考えているか？

●自分のとった行動の理由が自分勝手なものなら、変えようとする意志があるか？

8章　パワー、権力

指揮官であるということは、身の引き締まるような責任を持つということです。あなたはコーチとして多くの人の責任を負うことになります。中学生のチームであろうが、プロチームのコーチであろうが、レベルは関係ありません。指揮官であるからには指揮を執り、そして指揮を執るということはパワーを持つ、ということです。

かつて、どこでだったでしょうか、「権力は腐敗するものだ。絶対的な権力は絶対的に腐敗する」という格言を聞いたことがあります。また、人間の本質は、難局にどう臨むかということだけでなく、権力をどう扱うかということでも試される、という言葉もあります。

権力を乱用すれば、他人を劣悪な状況に追い込むことになりますし、長期にわたって広範囲に影響を及ぼす可能性もあります。

スポーツ界に限らず、権力の使い方を間違った人間は、枚挙にいとまがありません。しかし、コーチ、なかでも子供や若者を指導するコーチは、権力の乱用によって深刻なダメージを負わせる危険性もあるのです。

では、自分が権力を乱用していると、どうやって認識するのでしょうか？　その手始めとして、次に挙げた項目に目を通してみてください。

●自分自身の傾向やバイアスを自覚していますか？　誰にでも自分の経験に基づいた先入観があるものです。権力は地位に付与された権利だと、あなたは考えますか？　あなたはその権力を行使して、自分のニーズを満たそうとしていますか？

●権力の適切な行使の仕方について、学んだことがありますか？　初等～中等教育に携わる人は、授業をしながら、1年～1年半の研修を受けることになっており、クラスの担任を任されるのは、そのあとです。研修で教わるのは、若い人たちへの接し方、ためになるような権力の使い方です。しかし、大学やプロのコーチの多くは、こうした研修を受けていません。コーチたちの学位は、化学、経営学、会計学などさまざまでしょうが、教育学の研修を受けた人は皆無です。然るべき教育を受けたからといって、権力を適正に使用できるとは、言い切れません。しかし、人格形成の過程を理解するのには役立ちます。

●あなたの権力の使い方は、かつての上司やメンターから影響を受けていますか？　若いアシスタントコーチ時代に不当な手荒い扱いを受けると、ヘッドコーチになったとき、その過去に倣って周りを同じように扱う、ということはよく聞きます。

●自分自身の責任を自分でとる立場に置かれていますか？　チームの管理者かアスレチックディレクター［中学、高校、大学などで全運動部の活動を管理する役職。コーチの人事も担当する］、もしくはその両者が、組織で何が起きているか分かっていない、あるいはあなたに責任を課していない状況なら、あなたがこれから権力を乱用してしまう可能性は高くなります。チームの管理者やアスレチックディレクターなど、上の立場の人があなたに責任を課していないのであれば、誰があなたにそれを求められるでしょうか？

コーチとして権力を建設的に行使できるようになるには、次のようなステップを踏むことをお勧めします。

1 権力を健全に行使するという決意を固めましょう。何が健全なのか、迷いがある場合は、用心しすぎてしまうくらいのほうがましです。健全に権力を行使するよい例を目にしたことがないコーチにとっては、それはさらに難しくなります。

2 管理職のための研修コース、プログラム、ワークショップに参加しましょう。権力を乱用していないと思われるコーチと話をしてみましょう。

3 自分の権力に対する姿勢を振り返ってみて、自分に虐待的傾向がないか、確認してみましょう。信頼している人（この場合、かつての上司や部下の両方がいいでしょう）に頼んで、自分に虐待的傾向が見られるかどうか、正直に言ってもらいましょう。

4 前任のコーチや、かつての自分の上司がやっていたような権力の扱い方を真似てはいけません。その人たちが権力を適正に行使していなかった可能性もあります。自分自身の方法を見つけましょう。

5 権力の適正な行使については、自分で責任を持ちましょう。上司、友人、スタッフなど、自分の権力の使い方に関して、本当のことを言ってくれる人を見つけるのです。

6 チームと組織のニーズを把握しましょう。そして、そのニーズを満たすよう努めましょう。自分自身のニーズではありません。

もしあなたが、権力を乱用するようなコーチならば、何かを変えることは、簡単ではありません。権力を乱用するには理由があります。もしかしたら、自分のニーズが満たされていないのかもしれませんし、ただ単に権力の健全な使い方を知らないのかもしれません。

これからしなければならないことは、自分の置かれている状況をよく見直して、権力を乱用することによってどんなニーズが満たされているのか、そして、それを変える意志が自分にあるかどうかを確認することです。もしかしたら、今いるコンフォートゾーンから抜け出す必要が出てくるかもしれませんし、権力の健全な使い方を見てこなかったがために、どうしていいか分からない、という事実を認めなければならないかもしれません。

しかし、そもそも権力を乱用せずにコーチをしようという意志を持つことが、よいスタートになりますし、組織に関わるすべての人が安心し、楽しめる環境を作る支えにもなるでしょう。

権力を持ち、なおかつそれを正しく使うことは、現実として可能です。それはＮＦＬの強豪、インディアナポリス・コルツのトニー・ダンジーのようなコーチを見れば分かります。素晴らしいコーチであり、権力を健全に行使する、とコーチからも選手からも同じように称賛されているコーチです。

9章　コントロール

昔から「統率者には、統率しなくてもいいときがある」といわれます。チームや組織を統率する、つまりコントロールする、ということは、何もかもやる、細かく管理する、ということではありません。コーチをするチームのタイプによって、アシスタントコーチ、サポートスタッフ、その他の人に、どのくらい任せられるかが決まります。

例えば大学やプロのアメリカンフットボールのチームならば、ヘッドコーチ一人だけですべてを行うのは、もちろん無理です。各ポジションコーチにコーチを任せなければなりません。これが高校レベルのクロスカントリーのコーチならば、すべてとは言わないまでも、コーチ業務とサポート業務のほとんどを、一人でしなければならないでしょう。

ヘッドコーチ、アシスタントコーチ、サポートスタッフ。どんな役職でも、ある一定の支配力、つまりコントロール力を持ちます。地位が高ければ高いほど、与えられるコントロールの影響力も大きくなります。そしてそのコントロールを適正に使うために、より用心深くなる必要があるのです。

しかし私の見るところ、このコントロールと尊敬されることを混同しているコーチが多いようです。周囲の仕事を監視しつつ一人で切り盛りすれば、自分にはコントロールする力があり、それを周囲も認め、尊敬してくれるものと考えてしまいます。私はそうは思いません。

コントロールする力を持つということは、積極的に周囲に仕事をさせることです。もちろん、スタッフの指導や行動は監督しますが、それは彼らがもっと向上するように助けるのであって、仕事を奪うためではありません。自分一人ですべてをしようとすれば、多くの人材を無駄にします。

次の項目について自分の答えを考えてみれば、それがよく分かるでしょう。

1 チームの向上につながるなら、スタッフやチームにリーダーシップをとらせることができるか？

2 アシスタントコーチに、ドリルの指導、対戦相手のスカウティング［分析］、ゲーム

3 プラン立案の手伝いを任せられるか?

4 選手たちは、ミーティング、練習、試合において、発言や提案を自由にできるか?

ディスカッションでは、メンバーが、バカにされる心配もせずに気兼ねなく自分の意見を口にできる雰囲気になっているか? 自由に意見を交換できるラウンドテーブル方式のディスカッションか、それともトップダウン方式か?

5 自分が不安や不満を感じているときに、自分の威厳を保つために周囲に当たり散らしていないか?

6 誰かの功績が評価されるのを気にしていないか? 自分以外のメンバーの誰かが、ゲームのある部分の指導に特に秀でている、あるいは、ある選手とうまく意思の疎通ができているという場合、その能力を発揮させているか?

7 戦略やゲームプランを組み立てる際に、特定のアシスタントコーチがどういう働きをしたかということを、メディアの前で称賛したことはあるか? ビル・セルフはイリノイ大学のヘッドコーチだったころ、アシスタントコーチ陣にヘッドコーチ業を経験させるために、試合前のインタビューなどテレビ関係の仕事を任せていたが、それと同じようなことを、自分はアシスタントコーチに対してできるか?

組織を構成する一人ひとりを、独創的かつ生産的に行動させる。それが、本当の意味でのコントロールができている、コーチの理想像です。

細かいことに目配りをしつつも、個々の裁量に任せることです。

スタッフに権限を与えることで、彼らの成長を促すことができるだけでなく、組織における信頼関係、取り組む姿勢を育むこともできるのです。

10章　リスペクト

相手を敬う気持ち、リスペクトは、どんな職業であっても必要ですが、コーチングにおいてもやはり欠かせないものです。

私たちはリスペクトを集めたいと思いますし、そのことに重きを置いています。誰かにリスペクトされていると確信したときは、気分がよいものです。反対に、誰かに軽んじられている、ディスリスペクトされているときは、嫌な気持ちになります。

「よいコミュニケーション」や「信頼」と同じように、「リスペクト」が本物になるには、一方通行ではなく、お互いの思いが共通であることが必要です。

なんらかの権力を持った地位にいれば、その地位や肩書ゆえに、見せかけのリスペクトを受けることはあるかもしれません。しかし、地位や肩書は、どちらも本物のリスペクトを約束するものではありません。本来、他人からリスペクトされるかどうかなど、自分で制御しようとしても、できることは限られているのです。

●他者に無理やり自分をリスペクトするよう強いることはできません。
●相手がリスペクトを示さないとき、それは、あなたよりも、むしろ相手の人となりを表した行動と言えます。
●自分がリスペクトに値すると思い込んでいると、自分に対する他者のリスペクトが欠けているという事実を、受け入れられません。

私が思うに、他者をディスリスペクトする態度は、自分自身をディスリスペクトすることから始まるのではないでしょうか。失礼であったり、他人を見くびったり、あるいは傷つけたりするような態度は、自負心のなさから来るものです。

ディスリスペクトされるということは、いじめられることと似ていて、私たちに間違った感覚を与えます。私たちはその間違った感覚で、ディスリスペクトされた気持ちの埋め合わせをするように、「やられたら、やり返す」とばかりに、仕返しをしようとするのです。

ディスリスペクトされたときに、あなたは自分自身がどのような衝動にかられるのか、自分の思考の傾向を自覚する必要があります。

では逆に自分自身が相手をディスリスペクトしてしまう可能性は、どのようなときに高くなるのでしょうか。

●相手からディスリスペクトされたときに自分自身がとりがちな反応を、思い返してみましょう。
●そのときの反応は反射的だったでしょうか、それともどう対応するか考えましたか？
●そのとき、どのような感情や気持ちの葛藤を抱きましたか？
●そのとき目のあたりにした態度そのもの、態度をとった人物に対して、自分にどう言い聞かせましたか？

自分のなかで、出来事に対して自分なりの意義が分析できれば、適正に対処する用意ができたことになります。

●相手と向き合いましょう。自分に対する態度が、望ましい態度ではないと話しましょう。

●あなたが望んでいる態度に適応していくように導いていきましょう。
●相手に、自身のとった態度に関して何か言い分があるのか、尋ねましょう。
●耳を傾けて、対応しましょう（自分の応答が直情的な反応にならないように、要するにかっとならないように、十分注意しましょう）。

私は今までに何度も、「リスペクトできない人間に、どうしてリスペクトする気持ちを示さなければならないのだ？」というコーチの声を聞いてきました。

その答えは、同じ人間だから、です。

誰かをリスペクトすることと、誰かにリスペクトする気持ちを示すこととは、まったく違います。

皆さんのチームにもこんな選手がいるかもしれません。躾がなっておらず、失礼で、怠惰。感じが悪く、不愛想で指導しづらい。こういう選手の人となりや態度を、あなたはリスペクトできないかもしれません。そうする必要はありませんし、妥協することもありません。あなたにできること、すべきことは、その不適切な態度に対処することです。しかし、もしそれを、リスペクトのないやり方で行えば、相手の態度はほとんど変わらないでしょう。相手があなたに見せたのと同じ失礼な態度を、あなたがとることになってしまいます。

リスペクトがみじんも見られない相手であっても区別することなく、誰にでもリスペクトを持って接するにはどうしたらいいのでしょうか？

1 一人ひとりを大切な一個人として尊重しましょう。

2 誰にでも、時おり矛盾した感情がぶつかり合うことがあります。プレッシャーのかかった状況ではなおさらです。そして、こうしたいろいろな感情と、そのもととなった考えが、選手の態度をしばしば不適切なものにしてしまうのです。このことを理解してください。

3 黄金律に則した生き方をしましょう：「己の欲する所を人に施せ」と聖書にもあります。コーチであるあなた自身の行動が、選手やスタッフに求め、そして期待する、行動の規範になるのです：

●時間を守りましょう。もしあなたが、立場上許されるからというだけで時間に遅れ、相手を待たせたとしたら、自分の時間のほうが相手の時間よりも大切だと言っていることになります。もし何か事情があって遅れるのなら、遅刻することを謝りましょう。

●皮肉を言わないように。皮肉は相手の品位を傷つけます。

●罵倒しないように。それは相手を蔑《ないがし》ろにする行為です。

●無視をしないように。選手やコーチを無視するということは、人として否定するということです。心理ゲームなど仕掛けずに、取り組むべき問題に、真摯に礼をもって取り組みましょう。

●周囲の人が、ありのままの自分でいられるように。誰もあなたのスタンダード、あなたのルールに従って生きる必要はありません。しかし、チームのスタンダードやルールに沿って行動する責任はあります。

リスペクトする気持ちを示すという行動は、普段の生活に欠かせません。その意味をぜひ知っておいてほしいと思います。リスペクトする気持ちを示したいときに相手をえり好みすることはできません。
他者からリスペクトの気持ちを示してもらいたければ、自らその行動の規範を示すことが必要です。力のある立場の人だけでなく、すべての人、つまりメディア、マネジャー、オフィシャル、ファン等にも敬意を示さなくてはならないのです。

コーチとしてのキャリアを振り返ってみると、私も常にリスペクトの気持ちを示していたわけではありません。今となっては、それを後悔しています。言い訳も、正当化もしようと思えばできます。「だめなコーチだ、あの選手は弱い、まったく使えない審判だ、あのマスコミはばかげた質問をする」と言えばいいのです。しかし実際は、周囲の人にリスペクトの気持ちを示すという選択肢もあったわけですし、それは今も変わりません。

コーチであるあなたの行動は、否が応でも、自分のチームに所属する選手の規範となります。敬意を示すことに関して、あなたはどのようなメッセージを伝えたいですか？

謙虚なコーチとは誰か、そして「重要人物」だけでなく誰にでもリスペクトの気持ちを持って接するコーチは誰か、と考えたときに思いつくのは、ジェリー・ムーアです。ムーアは、NCAA（全米大学体育協会）フットボール部門のチャンピオンシップ・サブディビジョン（旧1部AA）を3連覇した、アパラチアン州立大学のコーチです。

実は私の妻の連れ子であるジェフ・ヤードリーが、1990年代後半にアパラチアン大学でプレーしていました。最初は自費進学、のちにスカラシッププレーヤーとなりました。ムーアコーチの人となり、そして自分が在籍していた当時の選手への接し方、リスペクトの気持ちの示し方について、ジェフは賛辞を惜しみません。ムーアはコーチとして強いメッセージを送っているのです。あなたなら、どんなメッセージを送りますか？

11章　インテグリティ

大リーガーのバリー・ボンズは、ステロイド使用に関し虚偽の証言をしたことで、起訴されました。

バスケットボールのケルヴィン・サンプソンは、オクラホマ大学、インディアナ大学でコーチの任に当たっていたそれぞれの時期に、NCAAの規則に違反してリクルーティングの電話を何百回もかけたことで、インディアナ大学コーチの座を追われました。

陸上のマリオン・ジョーンズ選手は、ステロイドの使用によって、オリンピックで獲得した金メダルをすべてはく奪されました。

フットボール界では、ニューイングランド・ペイトリオッツのビル・ベリチックコーチが、通称スパイゲート事件で盗撮という違反行為により、NFLから50万ドルの罰金を課され、大学のコーチであるジョージ・オリアリーは、経歴詐称によってノートルダム大学のコーチのポストを失いました。フットボール界の不祥事としてはこのほかにも、マイケル・ヴィック選手が闘犬賭博に関わった容疑で2年間の禁固刑を受け、アラバマ州の強豪高校では多くの規則違反が発覚して非難を浴びましたが、なかでも問題となったのは、試合に出場できるようにと、学校の成績管理者が教師に生徒の成績を変えさせていたことでした。

こうした事件は、スポーツ界でこの何年間かに起きた数多くの不祥事の、氷山の一角にすぎません。

こうなると、いったいスポーツ界のどこにインテグリティ（誠実さ、真摯さ、高潔さ）があるのか？　と問いたくもなります。

ただ、不正行為や不法行為といった報道が多い反面、当然ながら、私たちの知らないところで、ルールに則り、ルールの範囲内で活動をしているコーチや選手も、多く存在します。しかし、スポーツ界で起きている非倫理的な活動や露骨な不正の影響は、無視できません。むしろ、無視してはならないのです。

おそらく、ほとんどのコーチは、この仕事に就くときには、高邁な理想を抱いていたのだと思います。それが時を経るうちに、公正なやり方から段々と道を踏み外していったのでしょう。「ルール違反という点では、X高校に比べれば、我々のしていることなんて微々たるものだ」というコーチのセリフを、私は今まで何回か聞かされてきました。これではまるで、万引きは強盗よりもまし、とでも言っているようなものです。

このほかにには、自チームが抱えるコンプライアンス担当について「あれはいい人だ。いつも細かいことまで全部チェックしないから」などと言うコーチもいれば、逆に「あの人は、違反していないか常にチェックをしているからだめ」と言うコーチまでいる始末です。インテグリティという言葉を、自分に都合よく解釈するコーチや選手のなんと多いことか。「ほんの少し、規則を曲げた（破った）だけだ」「誰だってやっていることじゃないか」。

私たちは、どうしてこんなことになってしまったのでしょう？

選手もコーチも、当然のことながら、競争心の強い人間たちです。そして、きわめて競争の激しい社会に生きています。この競争心のもととなるファクターが、コーチや選手を不当な、モラルに反する行為に走らせるのです。

■マネー、マネー、マネー

フットボールやバスケットボールのメジャーチームにいるコーチが手にするお金の額は莫大です。大学のコーチの多くは、所属する大学の学長の4倍ほどの収入を得ています。これがプロの選手やコーチともなれば、まったく別世界です。彼らは自分のポストを守り、大金を稼ぎ続けるために、勝利が欲しいのです。

■勝たなければならない、というプレッシャー

雇用を確保すること、勝つ組織を作り上げること。これがコーチたちの二大モチベーションです。彼らはそのために勝利を目指して躍起になります。ほかのコーチや組織がルールを逸脱していれば、なおさらです。こうした不公平があるため、競り合うには自分たちもルールを曲げなければならない、という考えが生まれるのです。

■トップに立ちたいという気持ち

コーチも選手も、トップに立つためにはどんな小さなことも追い求めます。彼らは勝利が欲しいのです。どんな犠牲を払っても勝ちたいと思うことは、少なくありません。

■コーチの目的

彼らは自分たちの目的、つまり、コーチをする理由を忘れてしまっています（2章「なぜコーチをするのか？」を参照してください）。

■責任逃れ

「アシスタントコーチがそんなことをしていたとは、知らなかった。組織のなかで起きていることのすべてに責任なんて負えない」。こんなことを言いそうなコーチもいます。

■同業者の擁護

コーチたちは、誰かほかのコーチの不正行為や反道徳的な態度が問題になったとき、その人はいい仲間だと言って肩を持つことが、よくあります。「たしかに、あの人は疑われるようなことをしたかもしれないが、私にはいつもよくしてくれる」などと言うのです。アメリカという国は、セカンドチャンスをくれる国です。場合によっては、サードチャンスばかりか、フォースチャンスまでもらえることもあります。しかし、誰かが不正を働いたとき、当然受けるべきペナルティを免れるようにと、ほかのコーチがわざわざ救いの手を差し伸べれば、その人も不正に加担することになります。

コーチとしてあなたが働く場所は、たいてい一般社会とはかけ離れています。仕事上、関わりを持ち、やりとりをするのは、実社会から孤立したスポーツ界の人間です。

一般では、とうてい受け入れがたい態度、ありえない態度も、常識だと思うコーチはいます。おそらく、それと気づかないうちに少しずつ道を踏み外し、自分を正当化していくのでしょう。インテグリティにもとると知りつつ自分をごまかせば、己の品格を下げることになります。

しかし、大半のコーチは、倫理にかなった公正な方法でコーチをしようと思っているに違いありません。ただ、横道にそれてしまうことがあるのです。組織とチームを、インテグリティを持って運営するためには、コーチであるあなたが、意識して取り組まなければならないのです。

12章　価値観と時間

コーチという役職にある人間は、アマチュアの団体からプロのチームに至るまで、無数の責任を負います。そして、時間も気持ちもコーチングに注ぐことが求められると、ときとして重圧を感じることもあります。

組織にいるメンバーは、誰もがコーチに対して期待をするものです。その期待のほとんどは非現実的であり、その期待のすべてに応えようとすると、コーチは疲れ切ってしまうでしょう。しかし、コーチにとってストレスになるのは、周囲からの期待だけではありません。本人が自分自身に対して抱く期待も、誤った方向を向いた、ゆがんだものになる可能性もあるのです。

期待が正しい方向を向いているか。それを検証するためには、まずコーチが自分の価値観を確認する必要があります。それには、これから紹介するチェックテストが役立つでしょう。これはスーザン・ピアース氏が開発し、著書『Student Assistance Training Guidebook』に収められているものです。一人で行ってもいいですし、何人かのグループで（例えばアシスタントコーチと）一緒に行ってもいいでしょう。最初のブレーンストーミングは、グループで行うものですが、何を価値あるものとして選ぶかは、人によってさまざまに異なるでしょう。

ステップ1 ブレーンストーミングをして、自分にとって価値のあるものを項目としてリストアップしましょう。

- 家族
- 仕事
- 宗教
- 余暇
- 健康
- その他必要に応じて加えましょう

ステップ2　Ａ４程度の大きさの白い紙を一枚用意します。その紙を、自分にとって価値がある項目の集合体だと思ってください。これを細かく、リストアップしたものの重要度と比例する大きさに、ちぎります。そして、大きさに対応する重要度の項目を、紙に書きます。

例

●家族（１番大きな紙）
●仕事（２番目に大きな紙）
●健康（３番目に大きな紙）
など。

ステップ3　白い紙片を集めてわきに寄せておきます。

ステップ4　白い紙と同じ大きさの、色の付いた紙を用意します。この一枚全体が、自分が使える時間の合計だと思ってください。初めに作った項目のリストを見直します（紙片ではなく、リストを見直します）。そして、この色の付いた紙も、ちぎります。それぞれの紙片の大きさは、リストアップした項目に、日ごろから割いている時間を表します。そして、ちぎった紙片には、それに相当する項目を書き込みます。

●日ごろ、最も時間を割いているのはどの項目か？

●2番目に時間を割いているのはどの項目か？

など。

これを（時間を書いた）紙片がなくなるまで、そしてすべての項目を書き込み終わるまで続けます。

ステップ5 今度は、項目を書いた白い紙片と、色付きの紙片のペアを作ります。大きさの一致しないペアがあるかどうか、注意して行います。

この作業の目的は、価値をおくべきだと考えていることと、その実現にかける実際の時間とのあいだにある（特にコーチに多い）ギャップを、明らかにすることです。このギャップこそが、生活のなかで感じるストレスを引き起こすのです。価値あるものと考えていることと、時間の使い方（もしくは働き方）に矛盾があれば、それが葛藤となり、ストレスを受けることになります。

ストレスを少なくすると言っても、タイムマネジメントの方法を考えたり、マルチタスクに工夫を凝らしたり、ということではありません。自分の価値観に沿って生きるということです。自分が信条としていることを実行すること、そしてその信条に嘘のないことが必要です。

時間の使い方やコーチとしての指針に、自分の価値観がどのような影響を及ぼすのか。私自身もそれを理解するには、多少時間がかかりました。

これまでに得た教訓からは、勝利数イコール成功ではない、自分にとって最も大切なのは選手との関係を築くことだ、ということを教えられた気がします。

選手を人として、アスリートとして、可能性を100パーセント発揮できるように指導する過程において、人を励まし、教え、サポートするというチャンスを、私は選手たちからもらっているのです。そして、そういう関係に私は価値を置いています。

自分自身の価値観がよく分かると、自分は他人のコーチング態度になぜそんなふうに反応してしまうのか、ということがはっきりと理解できます。

2、3年前、あるコーチングスタッフと一緒に仕事をしていたときのことです。彼は、もっと時間があれば選手と競技場の外で話ができるのにと、ことあるごとに言っていました。コーチにとって、自分の時間の一部を選手に捧げる以上に大切なこととは、なんでしょうか？　時間に優先順位をつけることは、なによりも重要なことです。ときにはノーと言えるようになることも、必要なのです。

3年ほど前に、私は一通のメールを受け取りました。このエピソードの作者が誰かは、分からないままです（さまざまな人の名が挙がり、称賛されていますが）。ともあれ、次に紹介するこのメールは、価値観の問題を鋭く指摘していると思います。

——若者に人生で最も大切なことを教えてくれるのは、隣人である——

ジャックが隣家の老人に会わなくなってから、だいぶ時が過ぎていた。大学、ガールフレンド、就職、そして日々の生活が、老人を思い出す余裕をジャックに与えなかったのだ。それに、彼は自分の夢を追いかけて、この国を横断して行ったのだった。

新天地でも、慌ただしい生活のなかで、過去のことを振り返る時間はほとんどない。大切な人と過ごす時間さえないこともしばしばだ。ジャックは前だけを見ていた。誰も彼を止めることはできなかった。

あるとき、母親が電話をかけてきた。「お隣のベスラーさんが、ゆうべ亡くなったわ。お葬式は水曜日よ」。静かに腰を下ろして幼いころを思い起こすと、思い出が古いニュース映画のように頭のなかをよぎった。

「ジャック、聞いているの？」

「ああごめん、母さん、ちゃんと聞いているよ。ベスラーさんのことはずっと忘れていた。悪いけど、正直な話、もうずいぶん前に亡くなったものだと思っていたよ」とジャックは答えた。

「そう。でもベスラーさんは、あなたのことをずっと覚えていたわよ。会うと必ず、ジャックはどうしているのか、と聞いてきたわ。昔話をしてね。『こちら側のフェンスによく来て遊んでいたって、言ってたわ」。母はそう息子に教えた。

「ベスラーさんの古い家が大好きだったんだよ」

「ジャック、父さんが亡くなったあと、男親の役目を引き受けてくれたのは、ベスラーさんなのよ」

「たしかに、ベスラーさんには大工仕事を教えてもらった。彼がいなかったら僕は今の仕事をしていなかっただろうね。ベスラーさんは、大切だと思ったことを、ゆっくりと時間をかけて僕に教えてくれたよ。母さん、僕、お葬式に参列するよ」

ジャックは相変わらず忙しかったが、約束を守った。朝一番の飛行機に乗り、実家に帰ったのだ。ベスラーさんの葬儀はささやかな、地味なものだった。彼に子供はなく、親戚のほとんどはすでにこの世を去っていた。自宅に戻る前の晩、もう一目見ておこうと、ジャックは母親を連れて、お隣の古い家を訪ねた。ジャックはしばらく戸口にじっと立っていた。それはまるで、時空を超えて別次元に足を踏み入れるような感覚だった。ベスラーさんの古い家は、ジャックが覚えていたものと寸分も変わってはいなかった。階段も一段ごと、すべて覚えている。絵の一枚一枚、家具の一つひとつ、全部記憶のなかのものと同じだ……。そのとき、急に足が止まった。

「ジャックどうしたの？」

「あの箱がない」

「あの箱?」

「ベスラーさんは小さな金色の箱に鍵をかけて、机の上に置いていたんだ。なかに何が入っているのか、何度も聞いたけど、いつも『いちばん大切にしているものだよ』って言うだけだった」

その箱が、ない。家は隅から隅までジャックの記憶のままだった。ただ、あの箱だけがない。きっと親族の誰かが持って行ったのだろう。ジャックはそう考えた。

「何がそんなに大事だったのか、もう分からなくなったなあ」。ジャックは言った。

「明日は早朝の便で帰るから、もう寝るよ、母さん」。

ベスラーさんの死から2週間ほど経ったころのことだった。ジャックは仕事から帰ると、郵便受けに不在連絡票を見つけた。「お届けにあがったところ、ご不在でした。荷物にサインが必要です。3日以内に郵便局でお受け取りください」。

翌日のまだ早い時間にジャックは荷物を受け取った。小さな箱は古くて、まるで100年前に送り出されたように思えた。手書きの文字は読みづらかったが、差出人の住所に目が釘付けになった。そこには「ハロルド・ベスラー」と書かれてあった。

ジャックは箱を車から下ろし、中身を開けてみた。そこには、あの金色の箱と一通の封筒が入っていた。封筒のなかに入っていたメモを読むジャックの両手は震えた。「私の死に際し、この箱とその中身をジャック・ベネットに贈る。これは私の人生で最も大切にしたものである」。見ると小さな鍵が、封筒にテープで止めてある。動悸は高まり、自分の目に涙がみるみるうちにたまっていくのが分かる。ジャックは恐る恐る箱の鍵を開けた。なかには美しい金の懐中時計が入っていた。精巧に彫刻が施されたケースを指でなぞりながら、ジャックは時計の蓋を開けた。蓋の裏には、文字が刻まれていた。「ジャック、一緒の時間を、ありがとう！　ハロルド・ベスラー」。

「彼がいちばん大切にしていたもの。それは、僕との時間だったのだ」。ジャックは少しのあいだ、手にした時計を眺めると、オフィスに電話して2日先までの予定をすべてキャンセルした。

「どうかなさったんですか？」。部下のジャネットが尋ねた。

「息子と過ごす時間をとらなければ、と思ってね」。ジャックは言った。「あ、それからジャネット、いつもありがとう！」。

人生は、何回息をしたかではなく、息をのむほどの感動の瞬間をどれだけ味わったかで決まる。

第３クオーター

ヒューマンスキルの活用

13章　聴く、観察する

聴く、そして観察する。この二つは残念ながら、コーチに限らず実は誰もが、磨くことも活用することもしてこなかったスキルです。

それはなぜでしょうか？　最初の理由として考えられるのは、コーチの認識不足です。コーチとしての必須要素のなかに、この二つのスキルが備わっていないということを、彼らの多くが知らずにいるのです。あるスキルを向上させるためには、まずその必要性を認識しなければなりません。

二番目に考えられる理由は、コーチにはリーダーの役目があるということです。リーダーというものは、よくしゃべります。必要性を感じているから、ということもありますし、もともとの癖ということもあるでしょう。情報を伝達する、分析する、指導する、指示を与える。それを、権力のある立場から行っているのです。それは、人々に感銘を与えるためかもしれませんし、自分の立場の正当性を説くためかもしれません。あるいは、組織の向上に必要なリーダーシップをとるためなのだと、純粋に思っているのかもしれません。

いずれにしろ、聴くこと、観察することをおろそかにするコーチは、自分のチームが成長する可能性を減らしています。選手やコーチングスタッフの発する言葉や行動に、耳を傾け目を凝らせば、組織は目に見えて進化します。

三番目に考えられる理由は、他者から聴いたことや、観察したことで得る真実が、自分の意に反するもの、気に食わないものである可能性がある、ということです。

私たちは問いかけることを怠っているのかもしれません。あるいは、実際によく質問をしていたとしても、自分の聞きたい答えが必ず返ってくるような言い回しをしているのです。例えば、選手やアシスタントコーチにあるプレーをしてもらいたい、と思ったとき、「このプレーについて、どう思う?」という聞き方が考えられます。この聞き方ならば、正直に答える機会を相手に与えられます。しかし実際には、「このプレーがいいよね?」という言い方をしてしまいがちです。こう聞かれれば、選手もアシスタントコーチも、私たちが期待する答えを察します。私たちは彼らの考えを求めているつもりですが、彼らはそうはとらないのです。

聴くスキル、観察するスキルの向上に本気で取り組めば、コーチとして成長できますし、同僚や選手たちとのコミュニケーションも円滑になり、よりよい人間関係を築くことができるでしょう。

私はコーチやコンサルタントとしてのキャリアのなかで、聴くスキルの向上に役立つ方法をいくつも学びました。

聴くスキルを磨く方法

●オープンエンド型の問いかけにする。例えば、「私の知らないあなたについて、教えてください」、「仕事の合間には、どんなことをしていますか?」、「あなたにとって人生でいちばん大切なことは、なんですか?」といった質問です。

このような質問であれば、「はい」「いいえ」という答えは返ってきません。

●話を遮らない。相手が言いたいことを最後まで言えるよう、いつも心がけましょう。そして、フォローの質問をします。自分の言いたいことを聞いてくれている、と相手に知ってもらうためです。

●相手が、あるエピソードやできごとについて話しているとき、それに「かぶせる」のは、やめましょう。似たような体験を語って相手の話の焦点がずれる、ということのないようにすべきです。ただし、それによって話を理解しているということが、相手にうまく伝わる場合は別です。

●アシスタントコーチや仲間のヘッドコーチが話しているときは、意識して耳を傾け、学ぶ努力をしましょう。相手の言ったことを、まとめたり、曖昧なところを指摘したりする必要は、必ずしもありません。

私がアシスタントコーチだったころのことです。ヘッドコーチがチームに向かって「この体育館の壁には5つの企業の広告が貼ってあるが、今、壁を見ないでその名前を挙げてみろ」と言ったことがあります。一番多く名前を言えた選手でも、3つだけでした。白状すると、私も3社しか名前を言えませんでした。その体育館は、選手も私も毎日2時間から3時間、練習をしていたところでした。私たちの観察力はたいしてよくなかった、ということです。この質問によって、選手たちや自分は何を見ていたのだろうと、思い知らされました。

皆さんに一つ、試してみてほしいアイデアがあります。練習を中断し、選手とコーチ、一人ひとりに、今、自分の立っている場所から何が見えるか、聞いてみてください。ただ目に映るものだけではありません。見たものから判断できたこと（その人が考えた意味）も言ってもらいます。今のプレーは効果的だったか？　ボールを保持すべき選手にボールが渡っているか？　ディフェンスはどのようにプレーしていたか？　プレー中のコンディションはどうか？　体育館のなかは暑いか、寒いか？　いい位置から観察できているか？

人には固有の「視野」があり、それはフロアやフィールド上での体の位置や、練習・試合の捉え方、関わり合い方によって、それぞれ異なります。

ベンチにいる人間であっても、試合にプラスとなるような捉え方ができるようになります。おそらく、より広い見通しを持つようになるでしょうし、あるいは試合に対して一段と強気になることもあるでしょう。

こうしたエクササイズをすると、次のようなプラスの効果があります。

観察力を磨くエクササイズによる効果

- 選手やコーチに観察の仕方を教えることができます。
- 全員がそれぞれの立場で観察し、参加することの価値を、選手に示すことができます。
- チームが大きな視野を持つようになり、一人の選手のプレーだけでなく、フロアやフィールド全体で起きていることが、より分かるようになります。

観察力を磨き、聴く力を高めましょう。今までの行動パターンに基づいた直観に頼らず、取り入れる情報量を増やすことで、よりよい選択ができるようにするのです。そしてこのような姿勢をとるよう、アシスタントコーチや選手に促す必要があります。

14章　コミュニケーション、忠誠心、信頼、当事者意識

コミュニケーション、忠誠心、信頼、当事者意識。スポーツの世界でよく使われるパワーワードです。しかし、これらの言葉は何を意味しているのでしょうか？　そして、どうやって育むものなのでしょうか？

忠誠心や信頼、当事者意識を育み、そして深めるには、オープンで、裏表のない**コミュニケーション**をとるしかない。それが私の考えです。

コーチがそのようなコミュニケーションをとれるようにするには、選手やスタッフの言うこと、つまり彼らの考えていること、気にかけていることにじっくりと耳を傾けるだけでなく、実際にその考えや心配事について、思考を巡らせることが必要です（13章「聴く、観察する」を参照してください）。コミュニケーションが効果的であるためには、双方向である必要があるのです。

効果的にコミュニケーションをとるには、ディスカッションと規範が必要です。そのコミュニケーションの規範を示す一つの手段として、コーチがシーズンの初めにチームに所見を述べる、というやり方があります。自分はどういう人間か、また、チームはこれからどう動いていくのか、表明するのです。

例えば、自分は複数のチームと仕事をしてきたと言ってもいいですし、試合をどう戦うべきか、組織をどう機能させるべきか、しっかりとした考えを持っている、と伝えてもいいでしょう。そして、それを受け入れ、信頼してもらいたい、と付け加えてもいいと思います。さらに、組織におけるコミュニケーションの重要性とプロセスについて説明してもいいでしょう。いかに意思決定がなされ、問題が解決されるのか。選手の悩みはどのようにして公表されるのか。選手に対する期待も伝える必要があります。自分に何が期待されているか、どのような経路で情報が伝わり、サポートを受けられるのかが分かっている選手は、コートやフィールドでプレーをしているときも、一旦プレーから離れたときも、パフォーマンスが向上するでしょう。

ヘッドコーチはコーチングスタッフにも、選手に対するのと同様の働きかけをすべきです。それには、コーチングスタッフがヘッドコーチに対して期待していい働きぶりとはどういうものか、話す必要があります。その際、人を使う自分の立場や、逆にヘッドコーチとして彼らに期待していることについても伝えます。

また、コーチングスタッフが自分自身や周囲に期待していることについて考え、ヘッドコーチが許した範囲内で意見を交換する機会を設けてもいいでしょう。

スポーツの場における**忠誠心**を、あなたはどう解釈していますか？

- 忠誠心とは、組織に対する、偽りのない気持ちのことです。つまり、プレーの仕方（プレーのルール）、コーチ、スタッフ、チームメイトに対して誠実であるということです。
- 忠誠心とは、すべての人がお互いに持つものです。コーチは、組織を構成する周囲の人間、スタッフ、選手に対して忠誠心を示す必要があります。しかし実際のところ、コーチは他者に対して忠誠心を期待し求めはするが、必ずしも忠誠心を返してはいないのではないかと思わされることが、実に多いのです。

信頼関係が築かれるのは、他人の言葉、態度、気構えが本物であると信じたとき、そして、時を経てそれが実証されたときです。

コーチであるあなたは、自分が本当に思っていること、つまり実行できることだけを言うべきです。本心ではないこと、実行できないことを、言葉や態度に出すコーチが多すぎます。例を挙げると、プレータイムや奨学金などです。不誠実な言葉や嘘で、選手のやる気を引き出し、気合を入れようとしたり、人を自分の思い通りに動かそうとしたりするのです。

そういうことが起きて、コーチの不誠実さが露見すると、信頼関係は壊れます。壊れた信頼関係を取り戻すのに必要な労力と時間は、相当なものです。

しかし、このような場合であっても、コーチが自分の間違いを認め、謝罪し、必要であれば言葉や態度を適切なものに改め、気持ちを切り替えれば、もとの関係以上に信頼を築くことができると、私は信じています。

フロアやフィールドでの信頼。これは、何にも増して大切なものです。信頼とは、煎じ詰めれば、味方がアシストしてくれて、やるべきことをやってくれるはずだと信じることです。

野球で言えば、例えば監督がヒットエンドランのサインを出したとき、一塁ランナーは、次の1球がボールであろうがストライクであろうが、バッターが打ちにいくと信じて走ることです。バスケットボールならば、ローポストへダブルチーム「1人のオフェンスの選手にディフェンスを2人マークさせること」を仕掛けるときに、自分がマークしていた選手にチームメイトがローテーションをしてくれるはず、と思うことです。

チーム、組織に所属する選手に、**当事者意識**を持ってもらうには、そして、自分と自分の考えが重視されていると感じてもらうには、どうしますか？

それには、彼ら自身と彼らの意見を大切にすることです。選手には、自分の意見、気持ち、考えが実際に重視されていると分かっている必要があります。

例えば、チームのためになると思うアイデアを誰かが持っていたら、効果がないと思っても、試していいのです。しばらくやってみて効果がなくても、あなたが「試してみた」という事実、選手とチームを信頼したという事実が、チーム内の当事者意識を育てるのです。

ときには、そのアイデアが功を奏することもあるでしょう。例えば2006年のウエスタン・ケンタッキー大学のフットボールチーム。私もスタッフとしてこのチームに所属していました。コーチのデビッド・エルソンとは、プレーヤーの当事者意識をいかに向上させるか話し合ったものです。エルソンコーチは、クオーターバックのジャスティン・ハディックスが提案したセットプレーを導入しました。実際、これは非常にうまくいきました。もしエルソンコーチが当事者意識を喚起していなかったら、こうしたプレーは、生まれなかったでしょう。

しかし、組織のなかに、忠誠心、信頼、当事者意識が必要だと言うだけでは、足りません。その規範を自分が示すこと、実践することが必要なのです。最終的な判断を下すのは、コーチであるあなたですが、自分が尊重され、あてにされている、とチームの全員が思えば、取り組む姿勢のレベルも上がります。

15章　リーダーシップ

「最近の子供はリーダーシップスキルを持っていない。その素養がありそうな子供でも、自分が持っているスキルをどう使っていいのか、分かっていない」

コンサルタントとしてさまざまなところに足を運ぶなか、私はコーチたちの嘆く声を繰り返し聞いてきました。

そのようなとき、私はきまって「それはなぜ?」、「それを変えるために、私たちにできるのは、なんでしょうか?」と尋ねてきました。

私には、こうしたコーチたちの認識が正しいとは思えません。ただスポーツ界においては昔に比べ、今の若い人たちにリーダーシップスキルが欠けているように見えるのはたしかです。それにはさまざまな理由があると、私は考えています。

その理由の一つは、選手自身よりも、大人やコーチにあります。リトルリーグからサマーキャンプまで、そして中学から大学まで、スポーツを仕切っているのは、大人です。選手をチームに入れ、試合の戦い方を決め、すべてのルールを作るのは、コーチです。

最近の若者にリーダーシップスキルがない理由の大半は、そのスキルを向上させる機会を与えられていないことにあります。

サマーキャンプやAAU（アマチュア・アスレチック・ユニオン）ができる前、若者は、自分たちの試合を自分たち自身の手で運営していました。なかには、自分から積極的に試合を取り仕切り、リーダーシップスキルを発揮する者もいました。うまくことが運ばず、言い合いになったとしても、現場の選手だけで解決していました。

若者はそうやって、責任をとるということを、学んだのです。

もし若い人たちに、リーダーシップスキルを身につける意志があるなら、私たちのほうも積極的にトレーニングを提供しなければいけません。

リーダー養成を目的にした機関は、数えきれないほどありますが、その最たるものが士官学校です。リーダーシップスキルを発揮することなく士官学校を卒業するのは、ほとんど不可能です。士官候補生は、常にリーダーシップが必要な状況に置かれ、自分自身の経験とスキルによって成功したり、あるいは失敗したりするように、カリキュラムが組まれています。

リーダーたる人材にとって必要な機会とスキルを子供たちに与えれば、学校のクラスや遊び場所に、未来のリーダーが生まれます。

そういった子供たちが成長すれば、やがて企業の役員室や政界、アカデミズムの世界、医療の現場へと進出するでしょう。そして、慈善活動や同窓会活動を組織し、恵まれない子供たちのためのプログラムや環境保護活動を始める。つまり、自分たちの次の世代がリーダーシップスキルを育めるよう、環境作りに貢献することになるのです。

短期的な目標としてだけではなく、このような長い視野に立ってリーダーシップの醸成を考えたとき、コーチとして自分のチームでできることとは、なんでしょうか?

私はその答えを、二つの視点で考えます。一つめは、コーチがリーダーとしての役目を果たすこと、そして二つめは、リーダーシップを育成することです。

コーチがリーダーとしての役目を果たす

コーチというポジションは、本人が自覚していようといまいと、リーダーです。ポジティブなリーダーにも、ネガティブなリーダーにもなる可能性があります。結果を出すリーダーになろうと努力する人もいれば、何もせず、今自分が持っている（持っていないかもしれませんが）リーダーシップスキルを維持するだけ、という人もいるでしょう。

よいリーダーとは、頼りになる人物であり、チームを向上させる気質を備えています。以下は、さまざまなコーチやチームと仕事をするなかで、私が見てきたリーダーの特性です。

1 優れたリーダーは、無私の人です。他者に敬意を示し、自分ではなく他者が称賛されるような状況を作ります。そうして、信用と信頼を築きます。

2

優れたリーダーは、相手の人格を批判するのではなく、振る舞いや態度を批判します。ある人のパフォーマンスが規範を満たさないとき、優れたリーダーであれば当事者本人に責任をとらせ、そのパフォーマンスそのものに正面から向き合います。こうしたリーダーの責務を果たす際、フェアであること、毅然としていること、そしてぶれないことが求められます。それに応えられたときに、相手はリーダーの判断を信用し、人として関心を持つことになるのです。

3

優れたリーダーは、有言実行です。リーダーがとる行動には、多くの言葉よりも説得力があります。リーダーたる人は、おそらく専門分野や職務に関しては、相当の知識を持っているはずです。しかし、その知識も行動が伴わなければ、価値は無に等しいのです。

4

優れたリーダーは、権力を行使します。尊敬されることを要求するのではなく、尊敬を勝ち取ります。権力は、適切に、そして公平に活用すれば、安心して働ける環境を作ることができます。

5

優れたリーダーは、自分の感情や態度がチームに影響することを、自覚しています。感情に任せる、というやり方は、チームを奮い立たせたり、勇気づけたりするときには、効果的かもしれません。しかし、怒りや不安を感じているときに感情のままに動くのは、危険な方法です。

リーダーシップを育成する

選手のリーダーシップを育てたいというコーチに対しても、何人ものコーチや選手を観察し、言葉を交わしてきた経験から、お伝えできるアドバイスがあります。

1 自分たちで意思決定をしなければいけない立場や状況に、選手を立たせます。彼らにチームを組ませましょう。ときにはコーチも任せましょう。問題があれば、彼らに議論をさせて、解決させます。

2 選手たちに意見を言わせましょう。選手たちはスカウティングレポートの一部を担当し、チームが向上するために必要だと思ったことを話し合います。最高のチームを目指そうと、チームを鼓舞する役目もします。

3 スタッフや選手に責任ある仕事を与えます。彼らが間違った方向に行った場合は、問題の解決に取り組みますが、自分ほどうまく処理できないだろうという理由で、彼らを責任のある仕事から遠ざけるのは、やめましょう。細かいところまで管理してはいけません。成長する機会を与えるのです。

4 目標設定が必要なアクティビティを、コーチ不在で行わせます。

5 チームの目標、目的をチームに選ばせます。

6 チームの代表者を選びます。選ばれた者は週1回ミーティングを行い、チーム内の問題解決に取り組んだり、彼らにとっての「一般教書」、つまりチームの方針を決めたりします。

7 チームはメンバー全員から成り立っているものであり、メンバー全員のものだという意識を強く持ってもらいます。誰かがほかの人よりも大きな所有権（権限と混同してはいけません）を持っている、ということはありません。

若い人たちは、リーダーシップスキルを磨く機会と環境に恵まれれば、きっとそれを活《い》かすことができるでしょう。その過程においては、彼らを信頼するべきです。信頼とは、彼らに贈ることのできる最高のギフトです。

16章　対立

コーチをしていれば、対立は起きます。

対立という概念自体が、多くの人を不安な気持ちにさせます。私たちは、対立した過去の経験や、成長するなかで型としてきた流儀に基づいて、対立が表面化したときに頼りにする振る舞い方のパターンを作っています。しかしそれが特に健全な行動パターンかどうかは、定かではありません。

なかには、対立の気配がするだけで危険信号だと感じとる人もいます。その場合、恐怖に対する典型的な反応である、「闘争・逃走反応」が呼び起こされます。コーチとしては、対立を始めたのが自分であれ相手であれ、その対立における自分なりの意義を意識する必要があります。そうでないと、意識を集中できない自分自身に苦しめられる、ということにもなりかねません。

対立を避けようとするコーチ（もしくは選手）は、問題の根を取り除くことはしません。実際、問題から目を背けると、得てしてその対立を大きくしてしまいます。その挙句、ほかの方法（しかも不健全な方法）で取り組もうとするのです。そういう人は‥

- **くよくよ考えて、ほかの件や別の人間関係にまで引きずります。**
- **関係のない人に愚痴をこぼします。たいていは自分の一方的な視点に立って文句を言うので、状況がさらに難しくなったり、新たな問題が生じたりする可能性があります。**
- **かっとなり、怒りを覚えた相手に、あとで後悔するようなことを言ったり、したりします。**

しかし、正面から対立しようとするコーチ（もしくは選手）のすべてが、健全な方法をとるとは限りません。なかには、喧嘩をする人もいます。そういう人はたいてい、反動的な状況を作ります。つまり、一方の行動が、他方の反応の引き金となるのです。

実際の例を挙げれば、ハードファウルです。これが故意だと相手が捉えれば、仕返しのハードファウル、またはそれ以上になることもあるでしょう。この対立構造のなかで欠けている情報は、ファウルをした本人の「意図」です。もしファウルが単独のものであれば、激しくプレーする以外の意図はなかったのでしょう。それをファウルされた側が、そうとらずに曲解したのかもしれません。しかし、もしそのファウルが、同一選手が何度も繰り返した激しい当たりのうちの一つであるならば、単なる激しいプレー以上のものが背景にあるのかもしれません。

いずれにしろ、対立が起きてしまえば、解決することが必要です。

対立は、すべてが反動的であるとは限りません。なかには、計画された対立、意図的な対立もあります。そうした場合は、他者が介入してその対立の構造を変えないためにも、個別に話し合い、解決する必要があります。

例えば、ある選手の怠慢なプレーがきっかけで相手の得点につながるプレーをされた場合、一人のコーチが一人の選手と向き合わなければいけません。実際そのコーチは今までに何度も、同じ問題を練習の際に、チームの前で指摘してきたかもしれません。

しかし、この場合は一対一で慎重に向き合って話し合うほうが、解決につながる可能性は高くなるでしょう。

他者と対立し、向き合う前に、考えるべきポイントがいくつかあります。

一つめは、人はどういう方法で向き合ってほしいのか、考えることです。人はどうしたら、自分の失敗や弱点を指摘する相手の考えに、「耳を傾ける」のでしょうか？

その答え、そしてその次に考慮するポイントは、指摘される側が、指摘する側に寄せる信頼と信用次第で異なります。あなたの考えは、相手にとって価値があるでしょうか？あなたが伝えるべきことを、相手は聴きたがるでしょうか？


こうしたことを考え合わせると、やむを得ず対立をする場合は、まず、向き合っている相手とのあいだにできるだけ良好な人間関係を築いている必要があります。

したがって、ある選手と向き合うことが必要になった場合、特に良好な関係にあるアシスタントコーチがいるならば、そのコーチのほうが選手との話し合いには適しているかもしれません。


さらに言えば、うまく選手に向き合うには、プレーに対する意見が欲しいかどうか、最初に選手に尋ねるのがいちばんです。こう言うと、眉をひそめるコーチもいるかもしれませんが、質問をすることのメリットを考えてみてください。

もし、選手に特定の行動やプレーを命じたら、それは、「プレーしたいのか、したくないのか」という最後通告を選手に突きつけることになります。このような挑発は、たいてい脅しととられます。脅しにうまく応えられる人間は、ごく稀です。

いっぽう、意見を求めているかと聞けば、それは選手に選択の余地を与えることになります。それでもコーチのほうには、選手に出場機会を与えるか否かの選択権があります。しかし、こう尋ねれば選手のほうも、いくらかの選択権を持っていることになります。選手には、コーチの意見を聴いて学ぶという選択肢も、自分の出番が減ったり、無くなったりするリスクを背負いながら今まで通りのプレーを続けるという選択肢も、あるのです。

意見が欲しいと言う選手ならば、コーチが言わなければならないことに、耳を傾けるでしょう。コーチが冷静に、そして忌憚なく助言をすれば、なおのことです。

以下は、他者と対立し、向き合うときに従ってほしいガイドラインです。

●個人攻撃、皮肉、脅迫めいた言葉は慎みましょう。他者に向き合う目的は、相手に自分の意見を知ってもらうことです。それが相手を傷つけることであってはなりません。

●問題だと思った態度に対する自分の見解や考えについては、責任と当事者意識を持ちましょう。それと同時に、相手が自分の意見を受け入れることもあれば、拒絶することもあることを承知していましょう。自分の見解の正当性を相手が客観的に評価できるかどうか。その能力の大部分は、当人の自尊心にかかっています。

●「君の言いたいことを理解したい。だから、分かるように言ってもらえるかな」、「私にはこう思えるよ」、「なるほど、そうだね……」。例えばこのような言い方をすれば、他人と健全な形で向かい合うときの障壁にはなりません。むしろその助けになります。

冷静に率直な姿勢で相手と対立し、向き合うには、4つのポイントがあります：

1 「私はこう感じている」：

その状況に対する自分の感情を、最初に表現します。必ず感情を伝えること。判定を下すのではありません。

2

「私にはこう見える」：自分があるときに問題だと思った態度、あるいはずっと問題だと思ってきたいくつかの態度を指摘しましょう。具体的に伝えます。二つ程度にとどめたほうがいいでしょう。問題点をいくつも指摘すると、相手は負担に感じるからです。

3

「私はこう希望している」：自分が期待すること、相手にこう振る舞ってほしいということを伝えます。繰り返しになりますが、多くを望んではいけません。一つか二つ変えるだけでも、十分大変なことです。

4

「私はこう約束する」：相手が変わろうとする力となるために、自分は何をするつもりなのか、伝えましょう。相手が自分にどのようなサポートを希望しているのか、話し合ってもいいでしょう。

冷静に率直に相手と向き合うという方法を用いることで、人は、個人として、家族の一員として、職業人としての人間関係を、うまく保ってきました。これはディスカッションでもなければ、論争でもありません。一人の人間が、もう一人の人間を思いやる気持ちを持って向き合うこと（コン・フロンティング）なのです（これを〝ケア・フロンティング〟と呼ぶ人もいます）。わずか2、3分しか、かからないことです。

ケア・フロンティングのキーポイントは、始める前に頭のなかで綿密に計画を練ることです。これから言うことを決めておきます。話を遮られてはなりません。以下はケア・フロンティングの例です。

●私は、君のチーム内でのある行動に、いら立ちを感じている。
●私の見るところ、君はアイコンタクトを避けているし、助けようとするチームメイトの悪口を、ぶつぶつとつぶやいている。私には、君がチームの誰のことも励ましていないように見える。
●私は、君が他のメンバーの励ましを受け入れ、チームメイトのいいプレーも認めるように変わることを、希望している。
●私は、君が変わろうとする、その力になることを約束する。それには、自分で責

任を持って自らよいチームメイトになろうとしなくてはならない。

　このコーチは個人攻撃もしていませんし、皮肉も、ましてや脅しも言ってはいません。その代わりに、選手に対して情報を提供し、態度を改めるために必要なサポートを約束しています。選手がどのように責任をとるかについては、両者で話し合ったほうがいいでしょう。

　選手はメンタルに関するメモをとり、個人スタッツ［成績］記録用紙にコラムを加えて記入するようにしても、いいかもしれません。「メンタル・アシスト」というタイトルをつけて、自分が与えたこと、自分が与えられたことについて書くのです。しばらく経ってから、変わろうとしている努力の跡をコーチに評価してもらってもいいでしょう。

　同じ問題であっても、場合によってはかなり厳格な「約束」をさせなければならないこともあります。不適切な態度やパフォーマンスを何度も指摘された挙句、何も変化が見られなければ、コーチは組織のためになることを実行します。我慢する、ベンチに下げる、出場停止にする。あるいは、チームから去ってもらうこともあるでしょう。

　他者との健全な対立とは、すなわち有意義な対立です。必要かつ実りのある変化をもたらしてくれるものです。
そして変わるということは、若者や選手が成長するのに欠かせないことなのです。

17章　批判

批判は対立と同じく、多くの人にとってはネガティブな反応を引き起こすものです。

残念ながら、コーチをすれば、プロ、アマチュア、どんなレベルのチームであっても批判はつきものです。批判は全方位から寄せられます。ファン、ネットの書き込み、投書、マスコミ、保護者。そして、ときにはチームメンバーからも、批判は出ます。

コーチほど、多くの批判の的となる仕事はないでしょう。人々の注目を集める仕事であるがゆえに、ほかの仕事よりも批判にさらされるのです。しかも、スポーツを観戦したり、実際にやったりした経験があるからと、専門家を気取る人も大勢います。彼らの頭のなかでは、通である自分が批判をするのは当然のことなのです。

コーチのなかには、批判にさほど影響されないように見える人もいます。

なぜでしょうか？　批判の受け止め方は、どれだけ自分をしっかり持っているかということによって、かなり変わるのでしょうか？　人は信念が強いほど、傷つきにくくなります。それに、批判のすべてがネガティブなものとは限りません。建設的な批判は貴重ですし、自分の専門分野で経験を重ね、洞察を深める意欲のある人であれば、健全な批判は受け入れるはずです。

しかし、建設的でない批判は、コーチであるあなたにネガティブな影響を及ぼします。批判されることの多い仕事に就こうとするなら、それにどう対処するか、知っておかなくてはなりません。

ネガティブな批判への対応としては、だいたい3つの選択肢があると思います。

1　無視する。

2　反応する。たいていは、自己を正当化しながら反撃する。

3　健全な態度で対応する。

コーチなら誰でも、こうした対応をそれぞれ1回や2回、とったことがあるに違いありません。

私自身は、自分の選手がコート外でとった態度に対する告発を、無視したことがあります。メッセージの送り手が個人的な恨みを抱いているだけだと思ったからです。その告発を信じたくなかった、という理由もあります。しかしあとになって、その批判と告発が正しかったことが分かり、目を背けずに対処していた場合よりも、はるかに大きな問題となってしまいました。

もう一つの例は、大きな試合に勝ったときのことです。ある選手の親が私のところにやってきて、話をさせてほしいと言いました。何を言いだすのか分からず、きっと嫌なことに違いないと思い込んでいた私は、「私にはしなければならないことがあるし、あなたも自分の心配をしたほうがいい、邪魔しないでくれ」と言いました。すると相手は一言「私は、息子とチームをこんなにもよく指導してくれてありがとう、と言いたかっただけですよ」と答えたのでした。私は保身に走り、批判を想定してその反撃に出たのでした。当然のことながら、相手はいい気分にはならず、それ以来、ぎくしゃくした関係になりました。

批判に対してどんな対応をとることにしても、さまざまな結果がついてきます。その事例をいくつか見てみましょう。

1 無視する。この場合、批判がまんざら嘘でもないとしたら、どうしますか？　よく検討もせずに、どうやってその批判が正当かどうか、分かるのでしょうか？　批判を無視することで、自分が成長、成熟する機会を自ら手放すことになります。

2 反応する。私たちは自己弁護に走るとき、攻撃を始めます。「あの人間はどこかでコーチをした経験があるというのか？」「あの男には、プライベートに問題があるらしい」。このようなやりとり、関わり合い方はエネルギーの無駄遣いですし、生産的ではありません。怒りやフラストレーションのはけ口以外に、得られるものはほとんどないのです。実際、そうやって状況を悪化させた人も少なくありません。その結果として、敵が一人増えるということもあるでしょう。

3 健全な態度で対応する。そのためには、いくつか考えるべきことがあります：

●客観的な目を持ちましょう。その批判は、よく耳にしますか？　同じ批判を頻繁に聞くならば、それは検討するべきでしょう。批判が続くようであれば、問題が

潜んでいる証拠です。検討して、ほかのやり方に変える場合は、かなり慎重に話し合うべきでしょう。

●その批判は、誰から受けたものでしょうか？　コーチングに関して素晴らしい見識を持っている、と尊敬している人から？　それとも、コーチングスタッフ、選手から受けたものでしょうか、それとも苛立ったファンや保護者からでしょうか？　誰からの批判であっても、検討する価値はあります。批判を吟味してみれば、それが理不尽なものなのか、ばかげたものなのか、そして安易に片づけてよいものなのか、判断がつくかもしれません。

●何が自分の気持ちの引き金になっているのでしょうか？　コーチとして自分が神経質になること、あるいは不安になることは、どんなことなのでしょう？　自分は過剰反応しているのか？　見下されているのか？　私たちの対応はいろいろですが、それがどうであれ、役に立つかもしれない批判に蓋をすれば、自分たちのプラスにはなりません。

●その批判に、真実はありますか？　当然、批判とは耳の痛いものです。なぜなら、そのなかに真実もあるからです。批判のなかに真実を見つけることで、問題に取

り組むかどうか、意識して決めることができます。

批判を客観的に見るには、タフで意志の強い人間である必要があります。何かができていないと認めるのは、たやすいことではありません。しかし、挑戦する意欲を持つことは、最も重要なステップです。ときには援助も必要になります。心から尊敬している同僚、メンター、牧師、スポーツ心理学者から、問題解決に必要なサポートをもらえることもあるでしょう。

健全な方法で批判と正面から向き合う。そのメリットは、リスクを補ってなお余りあるものです。批判されるということは、成長する機会、組織に関わるすべての人にとって健全な環境を作る機会を与えられている、ということです。批判を直視するのは簡単ではないかもしれませんが、そうして得られるものは、計り知れません。

18章　審判

レフェリー、アンパイア、審判。これらの人たちは、ゲームの一部です。もちろん、試合の結果に大きな影響を及ぼす存在です。しかし、今とは違う新しいジャッジシステムが発明でもされない限りは、変わることなく試合に関わり続けます。とてつもないエネルギー、主張、クレーム、あからさまな嫌がらせが、審判に向けられます。残念なことに、それが結果として、プレーをする選手とコーチの妨げになってしまうのです。

競技で成功を収めるには、審判との健全で適正な付き合い方を、コーチは身につけなければなりません。

コーチである私の審判に対する姿勢は、今までに気づいたこと、考えたことがもとになっています。

1 審判のほとんどは、高い技術を持っています。インスタント・リプレーを見れば、難しい状況が多いにも関わらず、審判はそのほとんどで正確なコールをしていることが分かります。事実、スローモーションで何度もプレーを見返しても、私たちには、正確なコールは難しくてできない、と思うことが多々あります。審判は有能であり、プロフェッショナルだという前提に立てば、疑わしく感じたコールに興奮して反応することも少なくなるでしょう。

2 審判のほとんどは、公平に仕事をしています。最近、審判が不正を働いた例がいくつかありますが、大多数の審判は、偏ることのない正確なコールを目指しているのです。

3 コーチに対し、審判に望むことを尋ねてみると、最も多い答えは、一貫性と公平性の二つです。しかし残念ながら、いつも自分たちの思うようなコールがされることをいちばんに望むコーチもいます。一方のチームが相手チームよりも多くペナルティ（ファウル）をもらった試合のあとは、まるで審判は試合運びやプレースタイルに関係なく均等にコールする義務があるとでも言うかのように、審判が不公平だというクレームが大きくなります。しかし実際はファウルやペナルティを引き出すのがうまいチームがあるというだけのことです。

4

コーチのなかには、試合開始直後1、2分で吹かれるジャッジ、アーリーコールに過剰反応する人もいます。私はかつて、試合が始まる前にテクニカルファウルをとられたバスケットボールのコーチを見たことがあります。ウォーミングアップの設定時間について、審判と口論になったためです。また、試合開始後1、2分のコールに対して怒りをあらわにしたコーチも、何人か目撃しました。私の目には、彼らが常日ごろから審判に感じている苛立ちやストレスに、試合開始早々、火が付いたように見えます。議論の余地があるコールもあるだろうと、心の準備をしていれば、審判との関係も試合の進行も、スムーズになります。

5

審判には、適切な態度で話をしましょう。コーチには、チームの代弁者として審判に主張する権利がありますが、その主張の効力も、コーチの態度いかんで変わります。何かにつけ審判に文句を言ったり、怒鳴ったりしているコーチは、審判の信用を失います。明らかに間違いだと思われるコールに対しても感情的にならず理性的に訴えるコーチや、審判のジャッジ、ルールに対する見解を問うコーチは、審判に主張を聞いてもらいやすくなります。

6

レフェリーやアンパイアには、人それぞれに独自の判定スタイルがあります。コーチはそうした個性に合わせなければなりません。野球の球審のなかにも、ストライクゾーンの広い人がいます。2ボールノーストライクのカウントで打ちにいくサインを出すかどうか。監督の決断が、こうした球審の特徴によって変わることもあるでしょう。バスケットボールでも、ほかの審判よりも接触に寛容な審判がいます。この場合、コーチが採用するディフェンス、選手が実際にプレーするディフェンスに影響が出ることもあります。審判に変わってもらおうとしても、エネルギーの無駄遣いです。そんなことはせずに、対応しましょう。

7

自分のチームをコーチすることに集中しましょう。コーチは試合中、とにかくやることが多すぎて、審判の対応に費やすエネルギーも時間もありません。切迫した試合の残り5秒、コーチがタイムアウトのすべてを前のコールに対する抗議に費やすという状況を、今までに何度見てきたことでしょうか。この時点で重要なのは、次のプレーであって、終わってしまったプレーではありません。

8

審判のコールのすべてが正確とは限りません。誤審と思えるジャッジを受けることもあると思います。1試合を通して平等に笛が鳴っていると思えない試合もあるでしょう。しかし、もっと長いスパンで見てください。よい笛の数も、悪い笛の数もほとんど変わらないはずです。ですから、悪いコールに長い時間をかけても無駄ですし、生産的ではありません。

9

特定の審判に恨みを持つこともまた、非生産的です。高校では、試合のたびに同じ審判になることがよくあります。大学でも、そしてプロでもそれは同じです。1週間前、1カ月前、あるいは1年前のバッドコールを根に持ち、審判やゲームに対する姿勢に表したとしても、自分のためにも、チームのためにもなりません。

10 審判を評価しましょう。審判は全員がよい審判とは限りません。試合の流れが読めない、ゲーム勘がない審判も、何人かはいます。コーチや選手とうまく連携がとれない審判です。こうした人たちは、間違った判断でコールをしてしまうことがあります。そうした審判のことは評価もしますし、査定もします。そして、リーグ審判の役員にその結果を伝えましょう。審判委員会のディレクター、所属リーグのディレクターなどと評価の結果をシェアするなど、正しい手順を踏んで審判を正当に評価するのです。

審判が試合にもたらす影響を大局的に観察したいなら、自分に関係がなく、客観的に観戦ができる試合を観に行くことです。その影響のいかに小さいことか。きっと驚くに違いありません。

自分自身のことを振り返ると、審判に対して使った膨大なエネルギーを反省するばかりです。今になって、自分のチームのコーチングに集中したほうがよかった、ということが分かるようになりました。コーチングに集中しないと、チームに悪い見本を示すことになります。

コーチングは、審判について文句をつけたり、気をもんだりして時間とエネルギーを無駄にしなければ、今よりもはるかに楽しくなります。

自分の意思でコントロールできることに集中し、審判とうまく付き合うための、正しい方法を考え出すことが必要です。

こうした努力こそ、チームをいちばん効果的にサポートするのです。

第４クオーター
スタイル、テクニック、哲学

19章　パッション・エナジーあふれるコーチか、テクニック・ディテールにこだわるコーチか

コーチであるあなたがどう練習を指揮するか。その方針によって、チームが成功するかどうかが決まります。コーチは選手に対し、自分がやっていることを理解し、信用し、そして試合という場で発揮することを求めます。しかし、選手の教え方、練習の方針は、千差万別です。

プレースタイル・プレーモデルによって、どのような練習をするのか、そしてどのくらいの時間、練習するかは決まります。

なかには、ドリルを妄信するコーチもいれば、試合形式の練習が絶対だというコーチもいます。非常に激しい、エネルギッシュな練習をよしとするコーチもいれば、一つのスキルを身につけるために、細かいことまで突き詰めるコーチもいます。また、その両方の人

もいます。

ただ、チームをベストの状態に仕上げるためには、コーチとしての信条を検証してみることが重要です。そこには一本のラインがあると思いますが、そのラインのどこに自分が立っているのか、知ることが大切なのです。


右に挙げた方針の違いがよく分かるように、大学バスケットボール界の名将である二人のコーチの例を見てみましょう。ミシガン州立大学のトム・イゾーコーチと、セントルイス大学（その後ボールステイト大学、ユタ大学に転任）のリック・マジェラスコーチです。

私は今までに数回、イゾーコーチの練習を見学させてもらったことがあります。彼の練習は非常に激しく、タフなものです。彼には、選手をフィジカルでタフな選手に育てよう、変えよう、という信念があります。

反対に、マジェラスコーチは、技術とディテールを重要視するコーチです［原書刊行後の2012年にマジェラス氏は逝去している］。

とは言え、イゾーコーチがディテールを教えない、軽視している、ということではありません。それはイゾーコーチも実践していますが、実際は、スタッフが選手に提供しているスカウティングに依るところが大きいのです。

さらに付け加えれば、マジェラスコーチの選手たちも、フィジカルかつタフにプレーしています。彼らの試合を観たことがあれば、それが分かるでしょう。では、両者の違いとはなんでしょうか？

よく分かるように、例を挙げて説明しましょう。ディフェンスの選手が、相手のドリブラーに抜かれないようにディフェンスをするとします。

ここでイゾーコーチならばまず、選手から激しいプレー、タフネス、根性を引き出し、そのうえで、スタンスの取り方やフットワークを教えるでしょう。

いっぽうマジェラスコーチならば、スタンスとフットワーク、そして相手チームのスカウティングにまず重点を置き、それに加えてタフネスや根性を求めるアプローチをとると思います。

両者とも教えていることは同じですが、より重視するポイントと、スタート地点が違うのです。

どちらのスタイルにしても、それぞれメリットとデメリットがあります。

パッション・エナジータイプのアプローチ

メリット

- 絶対に引き下がらないという姿勢を選手が持つようになる。
- 選手同士がお互いに励まし合うようになる。
- 気合を見せること、タフネスを毎日実践するようになる。

デメリット

- チームに疲労感が出ることがある。特にシーズン後半は疲れが出る。
- 頭脳戦の様相が強くなると、試合がスローダウンし、エナジーやパッションはあまり重要でなくなる。
- 忍耐や自制心が求められる場面にも関わらず、それが重要視されないことがある。

●精神的な結びつきが揺らぐ可能性がある。さまざまなことがうまくいかないとき、スピリットもパッションもなくなることがある。

テクニック・ディテールタイプのアプローチ

メリット

●試合で想定されることのほぼすべてに対応する準備ができている。

●基本に忠実に、落ち着いてプレーできる。相手チームの実力に負けることはあっても、自滅することはない。

●選手は、相手チームの選手よりも自分たちのほうがよい指導をされている、と感じている。

デメリット

●選手がテクニックのことばかりに気を取られて、とにかく一生懸命にプレーをする、ということを忘れてしまう。

●パッションやエナジーがチームに欠けていることがある。

コーチとしてどのようなアプローチをとるかは、競技によってかなり左右されます。ゴルフやボウリングの場合は、団体競技よりもテクニックやディテールポイントを教えることが必要になります。しかし団体競技でも、パッションやタフネスよりテクニックを重視すべき局面はあります。バスケットボールでは一般的に言って、ディフェンスよりもオフェンスのほうが、テクニック・ディテールタイプの指導が求められます。しかしそうは言っても、どちらとも、オフェンス、ディフェンスの両面で求められるのです。

コーチであるあなたのプレースタイルには、ある特定の傾向が生まれると思いますが、イゾーコーチやマジェラスコーチのように成功を確実にするには、適切なバランスを作り出すことが必要になるでしょう。

20章　恐怖・威圧か、責任・規律か

私はコンサルタントの仕事として組織の評価をするとき、いつも自分に三つの質問をします。

私だったら、ここで働きたいか？

私だったら、自分の息子や娘をここに参加させたいか？

この組織は選手たちにチャレンジをさせているか、そして選手がスポーツの世界、学術の世界、人生で高みに到達するために必要なサポートを、提供しているか？

幸い、私は自分が携わった組織のほとんどにおいて、三つの質問のすべてにイエス、と答えることができます。しかし、そうなるためには、組織もコーチも、恐怖や威圧ではなく、責任と規律を軸として、機能しなければいけません。では、この二つについて、検討していきましょう。

かつて私は、新聞に載ったある一流のコーチ（少なくとも勝敗という意味では一流のコーチ）の記事を読んだことがあります。本人曰く、自分は恐怖と威圧によってコーチをしているのだそうです。正確にはこういう書き方がされていたかどうか、あやふやですが、そうしたやり方をするコーチが多いと私は思っています。

恐怖と威圧でコーチをすると、常に選手を脅し、圧力をかけていることになります。こうしたコーチは、自分の存在感、権力、支配力があることを醸し出しつつ、コートやフィールドに立っています。雇用、奨学金、プレータイムをちらつかせ、自分の要求通りにやったほうがいい、と言うこともあるかもしれません。

選手を心理的に追い詰めるというやり方も、恐怖や威圧によるコーチングにはあります。来る日も来る日も試練や困難を与え、どれだけ精神的に我慢ができるのかを試す。これは選手をコントロールするコーチがすることです。

もちろん、選手には試練を与える必要がありますし、困難を乗り越えられるようにすべきですが、それはコーチが選手の命運を握っていると知らしめるためではなく、選手が試合で困難に陥ったときに備えるためです。その一例として、練習中に主力メンバーにとって納得のいかないレフェリーコールをして、試合で起きうる事態を体験させる、という方法が考えられます。

今までに、多くのコーチが恐怖と威圧によるコーチングで成功（勝利数が多いという意味で）してきました。しかし、このような方法を用いると、いくつか大きな問題が必ず表面化すると、私は考えています。

1 あまり楽しくない。選手にとって、あるときはコーチやサポートスタッフにとっても、楽しい体験とはなりません。

2 長期的にこのような方法をとっていると、コーチのポストを維持することは、難しい。恐怖と威圧によるコーチングは、人を不快にします。うんざりした人は、サポートすることをやめます。

3 組織に属するメンバー（選手、アシスタントコーチ、サポートスタッフ）が、常に疑心暗鬼になる。自分のしていることが批判されるのではないかと、彼らは恐れるのです。人がこのように振る舞えば、持っている能力をフルに活かすことは、難しくなります。

4 どうしても勝つことが必要になる。もしチームが勝っていれば、人は耐えることをしますが、この方法で負け始めると、コーチに盾突くようになります。こんな苦労をする甲斐はないのではないかと、彼らは感じるようになります。

チーム内に規律を作り、選手自身に当事者意識を持たせることは、優れた組織を築き上げるのに欠かせません。責任と規律によるコーチングは、恐怖と威圧によるコーチングとは、大きく異なります。

責任とは、ルールに従うことです。時間を守る、設定されたドリルのルールを守る、競技に適するよう身なりを整える、コーチが話しているときは集中して聴く、ということです。さらに言えば、バッターがフライを打ち上げても全力で走る、セットプレーが自分のためのプレーでなくても、フルスピードでやるべきことを的確にこなす、ということでもあります。

選手が責任を果たしていないと、なんらかの罰が下されることもあるでしょう。コンディション・スプリントの数を増やす、選手を交代させる、スターティングメンバーから外す、といった処分が考えられます。

ここで重要なのは、チームにはスタンダードがあり、言動やパフォーマンスがそのスタンダードを満たさない場合は、なんらかの形で責任をとる必要があるということです。この場合、コーチは選手を脅していませんし、怖がらせようともしていません。また、威圧してもいません。ただ、責任をとらせているだけなのです。

責任とはルールに従うこと、そして規律とはそのルールを徹底することです。

私は、威圧によるコーチングよりも、責任と規律によるコーチングのほうが、はるかに多くのことを教えられると、信じています。

大切なのは、コーチが選手に責任を持たせ、規律を課すときに、それが首尾一貫していることです。責任が、日によって、または選手によって変わることがないことを、選手に分からせなければなりません。

私たちコーチにできるのは、コーチとして選手に望んでいること、期待していることを伝え、それを実現できるようにサポートすることです。その期待とは、単に勝ち星を増やすということではありません。チームの一員として、そして一人の人間として、成功することです。

私たちコーチの最終的な目標は、選手を指導し、支えることで、選手自身が自分に責任を持ち、自分を律する力をつけることにあります。それができたとき、成功を手にする可能性は、あらゆる分野で高まるのです。

責任と規律でコーチをするとき、前よりも一段とポジティブな口調にするといいと思います。選手から見れば、コーチがいつもそばにいると感じます。

恐怖と威圧を使えば、何をやってもほとんどがネガティブになります。コーチ対選手、選手対コーチという対立構造が生まれることも少なくありません。

周囲のコーチたちからは、「尊敬されれば、好かれようと好かれまいと、気にしない」という言葉を、よく聞くかと思います。

たしかにコーチに対する尊敬の念はきわめて重要ですが、私は選手に好かれることも大切だと考えます。コーチに尊敬の念と好意を寄せているときのほうが、選手はコーチの望むことに挑戦し、チームとコーチのために全力を尽くすものです。

反対に、コーチのことが好きでなければ、選手は尊敬を装いつつも、心の底ではそのコーチを敬わないのではないでしょうか。

選手に当事者意識を持たせ、自律することの大切さを教えることができれば、それにかかった時間を上回るメリットがあります。

1　チームの全員が、ルールと自分たちに求められていることを分かっています。ルールに反した行動を起こしてしまったときは、何が悪かったのか自分で理解できるはずです。ルールに対して必ずしも肯定的とは限りませんが、ルールに反したとき、次に何が起きるか分かっています。

2　選手自身が規律を求めます。その規律通りに行動するとは限りませんが、チームと自分自身が成功するには必要だということは分かっています。

3　独裁者の指導を受けるよりも、チームの雰囲気は健全です。

4　もちろん勝つことも重要ですが、勝てない辛いときでも、その経験をプラスに転じることができます。

5　選手がコーチから離れることなく、教えに素直に耳を傾けるようになります。

6　長いスパンでコーチをすることができます。

あなたは、どのようにコーチをしますか？　恐怖と威圧によるコーチングでしょうか、それとも責任と規律によるコーチングでしょうか？　コーチングは、責任と規律をもって取り組んだほうが、より楽しく、より生産的になります。それは組織に関わるすべての人にとっても、同じことです。

21章「使ってくれ、そうすれば力を見せる」－「力を見せてくれ、そうすれば使う」

選手とコーチは、プレータイムを決めるとなると、お互い逆の考え方をするものです。選手は「試合で使ってくれ、そうすれば力を証明してみせるから」という姿勢でいますが、コーチは「力を証明してみせてくれ、そうすれば、使ってやる」と考えます。

重要なのは、選手もコーチもお互いの考えを理解することだと、私は思います。

選手とコーチのあいだには、こうした考え方のギャップがありますが、選手が練習と試合で見せるパフォーマンスにも、ギャップは見られます。コーチたちは、選手が練習でも試合でもコンスタントなプレーをしてくれるのが理想だ、と口を揃えます。しかし残念なことに、選手の多くはそうしてくれません。

ある選手は練習では素晴らしい働きを見せるものの、試合となると、固まってしまいます。私の大学時代のチームメイトに、「3時の男」と呼ばれる選手がいました。3時の練習では、大活躍します。しかし、私たちの試合が行われるのは、夕方でした。

そのいっぽうで、「ゲーマー」と呼ばれるタイプもいます。このタイプの選手は練習でもまずまずのパフォーマンスを発揮するのですが、試合になりライトが当たると、その選手自身も俄然、輝き始めるのです。

練習ではすごいが試合では力を出せない、という選手をつぶさに観察すると、たいていの選手が、準備万端の状態で毎日練習にやってきて、ドリルを行い、正確にプレーします。

こうした選手は競技をよく理解しており、コーチが望んでいることも分かっています。そしておそらくは、練習でのチームメイトの癖や傾向も覚えていて、それに対応できています。

しかし、試合となると緊張してしまい、自信を失って対戦相手の動きに対応できないようです。慣れていない、選手・戦術・状況に対応することが、その選手にとっては問題なのだと思います。

「使ってくれ、そうすれば力を見せる」というタイプの選手は、得てして練習が不得意なものです。

細かいところに注意を向けることが苦手で、飽きてしまいがちです。おそらく、自分を厳しく律することもできないでしょう。練習に対する姿勢は、試合に出たいから仕方ない、とでもいわんばかりです。

しかし、試合になると自信にあふれたアグレッシブなプレーをします。そしてたいてい、練習よりもいいプレーができてしまうのです。

練習であなたが見て感じるもの。それと同じものを、試合で見られるとは限りません。コーチたちには、それが分かっています。

サウスカロライナ大学のコーチ、ダリン・ホーンは、チームに向かってこう言います。「コーチである私が知りたいのは、実際にチームとして何が得られるかだ。つまり、試合で君たちを使うとき、どういった貢献をしてくれるか、ある程度分かっていたいのだ」。

もちろん、すべてのコーチはそれを目標に努力していますが、なかには、特に予想のつきにくい選手もいるのです。

調子に波のある選手を起用するには、状況を見つめ直すことが必要です。

練習ではコーチが求めるようなプレーができない、しかし試合になるといいプレーをする。そのような選手に、どのくらいチャンスを与えるつもりか、考えてみましょう。

自分は状況によっては妥協したり、あるいは柔軟に対応したりするのか？　実際、練習を見ていると、プレータイムを勝ち取ったようには思えない選手、その選手を使うことに、自分は納得できているのか？

もしかしたらプレータイムは、練習中に自分の求めるプレーができていない理由によって変わるのか？　だとしたら、その理由は、選手の練習に取り組む姿勢、意欲、注意力、集中、それとも競技に対する理解力の欠如だろうか？　その欠点を改善してなお、自分の求める基準に達しなかった場合、それでも自分はその選手にプレータイムを与えるのだろうか？

あなたは、このような疑問に答えを見つける必要があります。その答えは、コーチ一人ひとり異なるでしょう。

「使ってくれ、そうすれば力を見せる」型の人間が、「力を見せてくれ、そうすれば使う」

というコーチの意図を理解して練習に励めば、どれだけ向上できることでしょう。それをどうやって本人に示すべきか、コーチは考えなければなりません。お粗末な練習がどれだけ試合に響くのか、選手に理解させるのです。

例えば、スカウティングレポートを見ていない、チームのコンセプトを分かっていない、ということが、どのようにプレータイムに影響するのか、分からせます。

練習でのプレーがよくない理由をよく考えてみましょう。そのなかには、選手本人が自覚している理由もあれば、コーチである自分が経験から推測できる理由もあるでしょう。計画を立てて、解決に取り組みましょう。

いっぽう、練習でいいプレーをし、準備を怠らない選手には、信頼と信用を示しましょう。練習でのプレーを、試合でも発揮できる方法を見つけるのです。おそらく、その選手に向いている試合の状況、つまり試合に対する知識やそれまでの準備が役に立つ場面があるはずです。

おそらくこういった選手は、相手チームの動きが読めて緊張しないときには、いいプレーができるでしょう。バスケットボールで言えば、ゾーンディフェンスに対するオフェンスや対戦相手のセットプレーに対するディフェンス、フットボールで言えば、ブリッツではないスタンダードなディフェンスをブロックする、といった場面です［ブリッツとは、QBに集中した、ハイリスクハイリターンなディフェンス戦術のこと］。
　逆に厳しい状況になると、このような選手はミスをしてしまうので、コーチがそばにいなければなりません。

　いずれにせよ、最もチームのためになる決断を下しましょう。チームに対し、コーチとしてバランスのとれた対応をすることが必要です。選手に対して望んだこと、期待したことを遂行させるときに、頑なになりすぎず、甘くなりすぎずに接するということです。選手とのコミュニケーションがより明確で相手を尊重するものになれば、選手がその期待に応えてくれることも多くなるはずです。

22章　勝ちにいくプレーか、負けないようにするプレーか

勝ちにいくプレーと、負けないようにするプレー。

この二つには、違いがあります。

一般的に言って、勝ちにいくプレーとは、アグレッシブであること、攻めの姿勢でいること、そしてリスクがあるプレーも積極的に仕掛けることです。

負けないようにするプレーとは、リスクがあるプレーに対して消極的であること、守りの姿勢でいること、そして相手チームがミスをするのを待つことです。

どちらかの方法（または考え方）が正しく、どちらかが間違っている、ということではありません。しかしコーチとしては、主にどちらの方法でいくのか、またどちらの方法が成功する可能性が高いのか、よく考えて見極めることが重要です。

以下に競技中の状況を、いくつか例として挙げます。よく検討して、コーチあるいは選

手として、どちらの方法を選ぶべきか決めましょう。

●ゴルフ

〈アプローチショット〉

ピンを狙うorグリーンの安全なエリアに乗せる

〈20フィートのパット〉

4～5フィートオーバーするリスクを承知で沈めようとするor寄せるパットを打つ

●フットボール

〈第4クオーターで14ポイントリードの場面〉

パスをつないで攻撃を仕掛けるorランプレーで時計を進め、逃げ切りを図る

●バスケットボール

〈試合終了まで残り4分、10～12ポイントのリードの場面〉

ファストブレイクを続け、ショットクロック［24秒ルール（ボールを保持するオフェンスチームは24秒以内にシュートを打たなくてはいけないというルール）］関係なくプレーするor

ショットクロックを使う

●テニス

〈ウイニングショット〉

決めようとする or とりあえず相手コートに返し、相手がミスをするのを待つ

勝ちにいくプレーをするタイミングとさじ加減。これを知ることが、コーチとして成功する鍵です。

私には、ある境界線があるように思えます。そしてコーチとして、その線のどちら側にいるか、決める必要があると思っています。コーチのほとんどは、境界線のどちらかの間際にいるように思えますが、なかには遠く離れたところに立つコーチもいます。もちろん、境界線のある場所は試合によって違いますし、一つの試合のなかでも、変化することはあるでしょう。

以下は、二つのプレースタイルのメリットとデメリットです。

勝ちにいくプレー

メリット

- 試合が非常に楽しくなる。
- 選手もチームも自信がつく。
- 選手もチームも、よい流れを自分たちで作る、という経験ができる。
- 選手もチームも、試合の行方は自分たちの掌中にあると信じる、つまり試合の支配権を握っている、と考えることができる。
- 選手もチームも、制限なく自由にプレーできる。

デメリット

- 試合の起伏が多くなる可能性がある。
- 大敗しやすい。
- 相手チームの能力が上の場合、効果的ではない場合がある。

負けないようにするプレー

メリット

- 能力の高いチームを相手にしても、たいていは長時間粘ることができる。
- 相手チームに点差を広げられることが少なくなる。
- こちらの失敗をつかれることが減り、相手チームにプレーを仕掛けさせることができる。

デメリット

- ビッグプレーが出にくい。
- 試合の勝敗が対戦相手次第になる可能性が、高くなる。
- コーチに期待されていない、と選手が感じるかもしれない。

個人の選手やチームが、プレースタイルによってビッグゲームをものにしたり、落としたりした例は、どちらの場合でも数多くありました。

1999年、全英オープンゴルフでのジャン・ヴァン・デ・ヴェルデは、勝ちにいくプレーを選んで強気に攻めすぎた、いい例でしょう。最終日、第18ホールだけを残したヴァン・デ・ヴェルデは、このホールをダブルボギー以内に収めさえすれば、勝利を手にするはずでした。しかし、彼は全力で攻め続け、ティショットでドライバーを選択。このショットは失敗しましたが、それでも負けないための、守りのプレーをするチャンスは十分残されていました。しかし、彼はその道を選ばず、トリプルボギーを叩き、結局はプレーオフで勝利を逃してしまったのです。

これとは反対に、リードをなんとか守り切って、時計を進めようとするチームもよく目にします。私がかつてコーチをしていた高校のチームは、あるとき試合終了まで3分の時点で12ポイントリードしていました。私は、シュートはレイアップだけ、と指示しましたが、そこから、びくびくした負けないためのプレーが始まり、結局、延長戦になっても同じことが続いたのでした。

コーチとして必要なのは、指導するチームごとに、どちらのプレースタイルなのかを周りから率直に評価してもらうことです。

●自分はチームに自信を植え付けているか？　試合の鍵を握る場面であっても、選手たちの直感に任せてプレーをさせているか？　それとも、チームを信頼していないことが態度に出ているか？　自分はリードを死守しようとしているか、また、重要な場面でも選手たちをコントロールし、束縛しているか？

●自分はこの二つのスタイルのどちらなのか？　コーチ仲間やアシスタントコーチに、自分がどう見えるか、聞いてみましょう。

●自分がどちらのタイプか分かったら、緊迫した試合状況ではそれがどうなる傾向にあるのか、自分で考えてみましょう。必要に応じて、自分の傾向を修正していきましょう。

●練習で異なるスタイルを試しましょう。例えば、バスケットボールであれば、3ポイントシュートを増やすor減らす、フットボールであれば、パスを増やすor減らす、ゴルフであれば、ピンを狙うショットを増やすor減らす、といったことです。

もし、コーチたち自身から意見を聞けば、ほとんどの人は勝ちにいくプレーをすると言うに違いありません。自分たちはアグレッシブにプレーし、攻撃を仕掛けると。それは、コーチ自らがそうありたいと思っている自分たちの姿であり、チームの姿です。

実際は、必ずしもそうとは限りません。むしろ負けないようにプレーするコーチが多いと、私は思っています。「残り3分で勝ちを狙える状況にいられればいい」、「自分たちのチームにもっと才能のある選手がいれば、相手にプレッシャーをかけて、もっと速攻を狙えるのに」といったコメントは、負けないようにプレーするコーチの常套句です。

重要なのは、自分を一つの面から捉えることではなく、違う面から見てみることです。

自分に聞いてみましょう：

1 自分は勝ちにいくプレーをしているか？

2 勝ちにいくプレーをしている場合、やりすぎてしまうことはないか？

3 自分は負けないようにプレーをしているか?

4 負けないようにプレーをしている場合、やりすぎてしまうことはないか?

23章　ポジティブなプレトーク、ネガティブなポストトーク

2007〜2008年シーズンの秋のことですが、当時ウェスタンケンタッキー大学でヘッドコーチをしていたダリン・ホーンと話をする機会がありました。

彼は、チームに課したコンディショニングドリルについて話してくれました。あるとき、普段は5セット行うそのドリルを、翌日から7セットやる、と彼は選手たちに告げたそうです。きつすぎる、ほとんど無理だ、という反応を即座に感じたため、彼はそれから10〜15分ほどかけ、必ずやり遂げることができる理由とその方法を、選手たちに説いたと言いました。

彼は私に、どうしたらアスリートは自分が考えている己の限界の先まで頑張れるのか、そして実際にどのようにして、その夜選手たちは練習をやり遂げる自分たちの姿をイメージしていったのか、また、どのように選手同士はサポートし合い、励まし合い、自立していったのか、教えてくれました。

そして ドリルを増やすと言った次の日、二人の選手を除く全員が7セットのドリルをやり遂げ、残った二人の選手も、それまでの練習より多くドリルをこなすことができたそうです。

もし、選手たちを説得しなくても、これだけの練習ができたと思うか、と私は彼に尋ねてみました。返事は、ノーでした。そこで、もし説得をせずドリル練習もうまくいかなかったら、どうするつもりだったのか、と聞いてみたところ、「おそらくミーティングをして、『今日の練習にはがっかりした。君たちにはもっとできる力があるはずだ』と言ったと思います」と彼は答えました。

こんな話をしながら、私たち二人は、事前にポジティブなトークをするほうが、あとからネガティブなトークをするよりも、はるかに人を動かす力があるということで、意見が一致したのです。

試合が残念な結果に終わったあと、ロッカールームの外にマスコミ、友人、家族を待たせ、長々と選手たちをどやしつける。あなたやあなたの周りのコーチは、今までに何度こんなことをしたでしょうか？　敗戦したあと、バスで長距離移動をして地元に辿り着いても、ロッカールームに直行してコーチのぼやきを聞きながら長時間ミーティング。こんな経験はないでしょうか？

たいていの場合、このような状況で得られるものは、コーチのストレス発散の場以外、ほとんどありません（7章「自分を動かすものは何か？」を参照してください）。このようなトークでは、成果よりもダメージのほうが多くなるものです。

だからこそ、多くのコーチが24時間ルール、つまり24時間は、あとで後悔するようなことを言わない、というルールを自分に課しているのです。

24時間ルールはさておき、コーチのなかには、チームを叱咤すればいいプレーができるという考えから、次の試合前のトークに否定的なメッセージを込める人もいます。

しかし、そうしたネガティブなやり方がパターン化して選手が耳を傾けなくなってしまう例は、本当によく見かけます。

ポジティブなプレトークはネガティブなポストトークよりも、はるかに効果的です。

ポジティブなプレトークと言っても、気持ちを高めるスピーチではありません（ただし、それもポジティブなプレトークの一部ではあります）。気持ちを高めるスピーチには、限界があります。私が言うポジティブなプレトークとは、選手を、自分の限界にできるだけ近づけるよう、気持ちを前に向けるトークのことです。いわばそれは、ホーンコーチがきついドリルをさせる前に選手たちに向かってしたような、トークのことです。

私が関わったなかで、ポジティブなプレトークのいちばんよい例だと思うのが、2003年、マーケット大学のコーチであるトム・クリーンが、ファイナル4進出をかけたケンタッキー大学との試合前日に行ったミーティングです。

クリーンコーチは静かな落ち着いた声で語りかけましたが、選手は奮い立ちました。なぜなら、信じる気持ちが引き出されたからです。明日、君たちはいいプレーができる、なぜならその準備ができているからだ、と彼は言いました。いいプレーができるのは、お互いが信頼し合える「はず」、ではなく、信頼し合えると「確信」しているからだ、と説いたのです。いいプレーができるのは、選手同士がお互いを信用できるから、そして誰が注目や称賛を浴びるかなど、どうでもいいと思えるからだと。そして、彼は語気を強めました。

いいプレーができれば、結果は自ずとついてくる、自分たちのチームは成長した。だから、勝つ。そのロッカールームに、彼の言うことを信じない人間は誰一人としていませんでした。本命視されていたのはケンタッキー大学でしたが、結果はマーケット大学の圧勝に終わり、試合後にネガティブなポストトークをする必要はありませんでした。

もちろん、ポジティブなプレトークをしても、結果が希望通りになるとは限りません。しかし、チーム全体、選手一人ひとりを、達成できるという気持ちにさせることができれば、望む結果を手に入れる可能性は、高まります。

ときには選手もコーチも、本当に信じる気持ちが持てないこともあります。そのようなときは、ポジティブなプレトークをする必要があります。あるいは（アメリカでよく言われるように）、成功するまでは、成功しているふりをする。徹底的にやれば、それは本当になります。

コーチが口にする言葉は、信じる気持ちが目覚めるとき、あるいは強まるときにのみ、効力を発揮します。

ネガティブな言葉を聞けば、何をやっても得るものがない、満足できない、望むものが手に入らない、という気持ちが強まってしまいます。ネガティブな言葉は恐れる気持ちを引き出します。

しかしポジティブな言葉を聞けば、自分にはできる、成功するという信念が強まります。ポジティブな言葉は、自信を引き出すのです。

自分に聞いてみましょう：

1 自分のコーチとしてのコミュニケーションは、どれだけネガティブか？
2 自分のコーチとしてのコミュニケーションは、どれだけポジティブか？
3 ネガティブなポストトークをやりすぎているか？
4 ポジティブなプレトークを十分にしているか？

24章　意志を貫く

「意志を貫き通す」「絶対にやってのける」「ためらうことなく、脇目も振らず、自分のすること、やり方を信じる」「信じた道を突き進む」。

このような信念は非常に立派に思えます。これが、揺るぎない指針や経験から生まれたものであれば、行動を起こす基盤となります。

しかし、何者かに対する恐れから来るものであったり、理不尽に人をコントロールするためのものであったりすれば、立派に見える信念も、独りよがりなものになります。

２００６年、デューク大学の３人のラクロス選手が婦女暴行の罪で告訴されましたが、私はローリー・ダーラム地区に住んでいたため、事の成り行きをつぶさに知ることができました。

当初、地域住民の多くは３人の選手の疑惑に憤慨していました。しかし、実際にあったこと、なかったことが徐々に判明していき、事件自体が存在しなかったことが証明されたのです。結局、多くの人が知る通り、告訴はすべて取り下げられ、担当した地方検事は資格をはく奪されました。

検事は、3人の若者が有罪に違いないという考えにとらわれ、犯行に懐疑的な供述をことごとく退けたことが、その後、人々の知るところとなりました。この検事にとって重要なのは、供述の真偽よりも、事例に対する自分の支配力だったように思えます。検事はそれが理不尽であろうが、誰かの不利益になろうが、勝利すると固く決心していたのです。

コーチも同じです。理不尽であっても、誰かの妨害になっても、自分の考えが絶対だと決め込み、コーチングスタッフの意見にさえ耳を貸さない、ということも起きかねません。自分の意志を貫き通せば（あるいは自分自身の不安から人を右往左往させれば）、他人を自分の考え方、やり方に強制的に従わせることになります。つまり、調整したほうがいいと分かっていても、それを受け入れずに同じオフェンス、同じディフェンスを続けるということになります。そうすれば組織からは柔軟性が失われ、コーチの意図に反して、もろい組織になってしまいます。

目的を達成できる組織とは、柔軟な組織です。しかし、それは組織の基礎を成している信念を投げ出す、ということではありません。信念の許す限りにおいて、変化によって生まれるプラスの効果を受け入れ、そしてその価値を認める、ということです。

自分はいつもどういう態度をとってしまうのか。その習慣を自覚していれば、どう変わるにしても、必ずそれは健全な変化となり、独自の偏った考えの影響も少なくなるでしょう。組織やコーチングスタイルを変えようとするとき、次の問いに対する答えを出してみてください。

●自分はどれだけ客観的か？　自分の考え方の偏りに気がついているか？　自分は衝動的に変わろうとするか、それとも頑なに変わろうとしないか？
●何かを決定するときに、事実、データ、論理を直視することができるか、あるいは一般常識に頼るか？　それとも、そのようなものは無視しようとするか？
●自分自身や自分の組織を、複数の側面から客観的に見ようとする姿勢があるか？　そしてその結果がどうであろうと、それに従うか？

●自分のスタッフメンバーあるいは選手は、批判されたり従順でないと言われたりすることを恐れずに、意見やアイデアを出してくれるか？

もし、件の地方検事がこの質問を自分に投げかけていたら、デューク大学ラクロス部員のケースは、まったく違った展開となったのではないでしょうか。傷ついた人も、人生を狂わされた人も少なかったでしょう。

優れたコーチは、自分たちの組織について、確固たる考え、計画、運営の理念を持っています。しかし同時に、ときには必要となるであろう変化や調整も、恐れることはないのです。

25章　弱みよりも強みに注目する

スポーツ界に身を置く私たちのような人間は、自分自身や自分の選手に欠けているものにばかり、目を向けてしまうものです。組織や選手にあれが足りない、これが足りないというコーチの愚痴を、今までにいったい何度聞かされてきたことでしょうか。

私たちコーチは、かなりの時間を選手とともに過ごします。トレーニングとコンディショニング、練習、試合。選手のことは、強みも弱みも、よく分かるようになります。しかし、どうしても目がいってしまうのは、彼らの欠点、弱み、足りないものです。そして、練習や試合でうまくいかないときには、よりいっそう、それが目につくようになります。

人は、まるで自分自身を見るように、できごとや周りの人間を見てしまうものです。その視線は、ポジティブ、ネガティブ、あるいはその中間。自分自身の欠点に目が向きがちな人なら、他人に対してもあら探しをしてしまうでしょう。

自分を動かす内なる声を、簡単に、時間もかけずに変えることはできません。しかし、伝え方、伝える内容を選ぶことはできます。

私たちは、選手たちの強みに注目するよう努力すべきなのです。

1 今、自分の前にいる選手を受け入れましょう。自分たちがスカウトした選手であれ、入部を自ら志願してきた選手であれ、皆同じあなたの選手です。もっとほかにいい選手はいないかと求めてはいけません。他チームの優れて見える選手でも、やはり彼らなりの問題や欠点を抱えているのです。

2 選手一人ひとりのスキルを把握しましょう。選手たちは、なんらかのスキルを必ず持っています。それを見出して磨いてやるのは、コーチであるあなたの責任です。自分のスキルと自分自身にコーチの目が向けられ、評価されているということを、選手自身に分かってもらわなければなりません。

3 選手が技術を向上させる手助けをしましょう。いい面をさらに伸ばしてやるのです。今、選手が持っている技術をさらに高めようとすれば、関連した技術もそれに伴って、ある程度向上するものです。弱点の影響を最小限に抑えましょう。弱点から目をそらすのは、非生産的です。反対に、生産的な弱点への取り組み方はあります。批判をするために弱点に目くじらを立てるのではなく、情報のポイントとして伝えるのです。「その状況だと、このパスは活きなかったね。こうしたらどうだろう」。例えば、このような言い方ができるはずです。

4

しかし、より大事なのは、試合のなかでの選手の使い方に気を配ることです。弱点を克服しようとするだけではありません。選手を、いちばん力を発揮できる状況に置いてやるのです。頑強で動きの鈍いランニングバックに機敏なランプレーを求めても、あまり意味はありません。能力に見合わないプレーを要求すれば、選手にフラストレーションを与えるだけです。

しかも、個々の選手やチームの弱点に目を向け指摘することで、コーチは自分が責任をとらない言い訳を増やすことになります。

1992年、1993年、ケンタッキー大学を率いたリック・ピティーノは、そのような道を選ばなかったコーチのよい例です。当時所属していた選手の多くは、彼の勧誘でチームに加わった選手ではありませんでしたが、彼は自分が連れてきた選手かのように、選手の特徴に合わせたコーチングを行いました。まさに「適用し、適応した」のです。

そうしてできたケンタッキー大学のチームは、真の強豪ではありませんでしたが、群を抜いてプレッシャーの強い、シュート力のあるチームでした。ピティーノコーチはプレスディフェンスを採用し、3ポイントシュートを多用させました。それによって、選手たちは自分たちの強みを活かしたプレーをすることができたのです。1992年と1993年、ケンタッキー大学は好成績を収め、NCAAトーナンメントではそれぞれ、ベスト8、ベスト4まで勝ち進みました。

しかし、私たちコーチの努力もむなしく、ポジティブな言葉をどんなに投げかけても、その先を読んでネガティブなことしか耳に入れない選手は出てくるものです。まるで、コーチが最も評価することとイコール選手として自分に欠けているもの、とでも信じているかのようです。

このように、相手からの批判を自己否定として待っている選手やアシスタントコーチは、非常に根深い、ある種の自己批判のもとに生きています。そのもととなる根本的な信念は、フィールドやロッカールームでは変えられません。

しかし、私たちにも、その信念が強まらないように接することはできます。このような選手やアシスタントコーチは、私たちの発するポジティブなメッセージを聞き取れないかもしれませんが、それでも、でき得る限り親身になり、相手を尊重してコミュニケーションをとってきたのだという事実を、私たちはいずれ自覚することができるでしょう。

26章　競争心を高める

競技選手ならばだいたいの人間が、自分のことを競争心に満ちた人間であると思いたいものです。たしかにふつうの人と比べれば、競争心は強いほうでしょう。

しかし、現実として、フィールドやフロアなど戦いの場に出たときに、絶対に勝ちたい、負けるのは嫌だというような、競争心の強い選手がチームにいることは、ふつうどころか、めったにありません。

もちろん、例外はあります。私は幸運にも、競争が激しい環境のなかにあってなお際立った競争心を持つアスリートと関わってきました。

まず思い出されるのは、インディアナ・ペイサーズのポイントガード、トラビス・ディーナーです。彼と一緒だったのは、マーケット大学時代でした。素質や経験、育った環境ゆえに競争心が強い、という選手はたしかにいます。選手やコーチなど、スポーツ一家に生まれたトラビスにとって、競争することは生活の一部でした。彼と、そのいとこたち（セントルイス大学でプレーをしたドルーと、デポール大学でプレーしたドレイク）は、常にお互い競い合っていました。トラビスは練習では基礎的なドリルを堅実にこなすタイプでしたが、ひとたびライトが当たり、スコアをつけるとなると、勝つこと以外は目に入らなくなるような選手でした。

マイアミ・ヒートのドウェイン・ウェイドも、競争心の強さで有名な選手です。しかし、彼の競争心が養われたのは、ほとんどがマーケット大学時代。コーチであったトム・クリーンと、トラビス・ディーナーの指導によるものでしょう。

また、ミシガン大学のトム・イゾーコーチは、２０００年のＮＣＡＡトーナメント優勝チームのポイントガードを務めたマティーン・クリーブスに対し、彼の勝利に対する強い気持ちがチームメイトによい影響を与えたと、その功績を称えています。ウェイド、ディーナー、クリーブスのような人間がチームにいると、チームは活気にあふれます。彼らの競争心がほかの選手にも伝染していくからです。

彼らのような選手はたしかに例外的な存在です。でもそれはなぜなのでしょうか？　より競争心の強いチームの作り方、育て方を知ろうとする前に、コーチが望むほど競争心の強くない選手が多い理由を考える必要があるでしょう。これにはいくつかのファクターがあると、私は考えています。

1　今、私たちの社会で重視されているのは、自己に対する肯定感、自尊心であり、若者が自分自身に対して満足することです。今日、若い人は、達成したことではなく参加したことで評価されます。好むと好まざるとに関わらず、それが現実です。

2　公園の遊び場や野外での活動が、廃れてしまいました。今日、子供たちの遊び場はパソコンです。ゲームで負けても、リセットボタンを押して、再スタートすればいいだけです。負けることに対して、なんの痛みも苦悩もありません。

3　バスケットボールで言えばAAU（アマチュア・アスレチック・ユニオン）、野球で言えばサマープログラムのようなスポーツの組織は、次の試合の機会を際限なく選手に与えているようです。個人で参加するにしろ、チームで参加するにしろ、敗者復活戦やシーズン終了後の試合など、週末にはいつも「次」があるのです。

4 優れた競技選手の多くは、その競争心ゆえに孤独を感じ、ときには嫌われたり、批判されたりすることもあります。競争心が否定的な意味で解釈されるのです。自分の身に降りかかるプレッシャーや不名誉な烙印をはねのけるには、強い人間でいる必要があります。

だからと言って、自己肯定感を促すことや、自尊心を育むこと、AAUやサマープログラムの存在が悪い、価値がない、というわけではありません。プラスに影響することも多いのですが、競争心を育てることに関して言えば、マイナスに影響することもあるのです。

そのマイナスの影響が、結果として選手の競争精神の低下につながるならば、コーチとしては、どのように競争心を教えたらいいのでしょうか?

■**ハッスルする**

ハッスルが競争心向上のために必ず必要、というわけではないかもしれませんが、きっかけにはなります。ハッスルを教えることで、選手は一生懸命プレーすることを学びます。

これが競争心につながることもあるのです。かつて高校のチームを指導したとき、どれだけフロアにダイブしてルーズボール（こぼれ球）をとりにいけるか、回数を数えるようにしたことがあります。3日間、私たちはハッスルプレーの練習をしたのですが、そのほとんどは、ルーズボールにダイブする練習でした。しかも、記録をつけて競争にしたのです。生徒たちもすっかりやる気になってくれました。そして金曜日の試合。私たちはハッスルの面で群を抜いていただけでなく、ディフェンスやリバウンドといったほかの面でも、ひときわハードに戦うことができました。ルーズボールに負けないというメンタリティが、試合の他の面にも好影響を与えたのです。

■勝ちたいと思う

勝利を求めるということは、勝つ準備をするということです。勝つ準備をするということは目的を持って、ハードに練習をするということです。その例を挙げるとすれば、バージニア工科大学フットボールチームと、彼らが重視したスペシャルチームです「アメフトには3つのユニット、オフェンス、ディフェンス、スペシャルチームが存在する。スペシャルチームはキックプレーの際にフィールド上に登場する選手たちのこと」。彼ら（スペシャルチーム）は自分たちの仕事に常に入念な準備をして臨みます。そして自分たちが任されたエリアで勝つことに高いプライドを持っており、事実、いつも勝っています。周到に準備すれば、いざ試合となったときに、自分たちの競争力にプライドを持てるのです。準備に費やした努力が多ければ、それだけやる気になります。そして夢中になるほど、競争心も高まるのです。

■ **負けたくないと思う**

負けを嫌うということは、敗戦の味や負けた感覚があまりにも苦く、二度と味わいたくないと思うことです。このような感覚を経験すると、次の試合に向けて競争心が強まることも期待できます。選手が敗戦を受け入れ、言い訳することをコーチが許せば、負けてもさほど痛みを覚えないでしょうし、次の試合でコーチの望み通りに競争心が高まることも、ないでしょう。しかし私たちはコーチとして、選手が負けを嫌うように導くことができます。それには、何をやっても受け入れられるような、楽な環境を作らないことです。選手に試合の映像を見せて、プレーを繰り返し再生する。痛みは当然感じるでしょう。しかし負けた悔しさが募り、次の試合では同じ気持ちを味わいたくないという気持ちが、選手に芽生えるのです。

■競争が必要な練習メニューを取り入れる

選手は競う練習をしなければなりません。競争が求められるドリルをしましょう。できるだけたくさんのドリルや練習を、できるだけ競争の性質を強めたものにするのです。ドリルでは記録をつけましょう。そして勝者と敗者を決めます。勝者にはご褒美を、敗者、なかでも手抜きをしてハードなプレーをしなかった選手には、長距離走やダッシュなどの罰を与えます。

■競争心のある選手を認める

チームに競争心の強い選手がいたら、褒めましょう。その競争心の強さを、ほかの選手の手本とするのです。サウスカロライナ大学のダリン・ホーンコーチは、選手の競争心を高める達人です。シュートはあまり決まらなかったかもしれないが、競争心あふれるプレーでチームに貢献した選手を称賛するのです。練習や試合が終わったあとに選手を褒める彼の声を、私は何度聞いたことでしょう。彼は、競争心が高い選手の価値を認めているのです。

組織のなかで、競争心のなさを嘆くのではなく、競争心を高める努力をする。それが、コーチとして先を見据えてポジティブに動くということです。

27章　運動能力・競技力以外の力を評価する

コーチは選手を評価するときに、走力、跳躍力、敏捷性、最高到達点といった、運動能力に着目します。それと同時に体型、身長、体重にも目を向けます。コーチがそういった情報を集め、使用するためのチェックリストも用意されています。

しかし、組織のなかで選手が成功するかどうかを予測するには、それ以外の情報のほうが役立つこともあります。

競技力以外のスキルや気質、人柄。こういったものが、選手の成熟度の証となり、競技選手として、そして一人の人間としての将来を期待させるのです。

このような情報をコーチが集めようとするとき、ツールをいくつか使うことになるでしょう。その選手自身の自己分析、第三者の意見、そしてチェックリストです。

●試合のような状況において、選手がどのような反応を示しどう対応できるか、ということを観察すれば、コーチはその選手の物の見方、自己認識、他人との接し方、意欲、コントロール能力が把握できます。高校の場合、それは日常的に行えることです。大学のリクルーティングでは、家庭やキャンパスの訪問、練習や試合がその機会となるでしょう。
●その選手と関わり合いのある人たちと話すことで、その選手が周囲にどう思われているのか、いい点についても悪い点についても、感じ取ることができます。
●情報ツールとしてチェックリストを作成すれば、選手を観察することで集めた情報を裏付けるデータ、あるいは、それを疑わせるデータが得られます。

決定要因となる潜在能力

今在籍している選手、あるいはこれから加入する可能性のある選手の情報収集には、いくつかの方法がありますが、以下に示すチェックリストもそのうちの一つです。これには4つの側面があります。

リレーション

ある選手が周囲の人と共に活動したり、歩調を合わせたりする能力・意欲を意味します。

スタビリティ

選手の精神的な成熟度、心の健康度を意味します。

コーチャビリティ

選手がコーチングを欲しているか、そして受け入れるか、ということを意味します。

モチベーション

選手が心から向上したいと思っているか、ということを意味します。

4つの側面（と、その各項目）の評価は、コーチによって異なるでしょう。コーチとして大切なのは、自分にとって各側面にどんな価値があるか、ということです。

このチェックリストを、自分の現在のチームと過去のチームに照らし合わせてみましょう。そこで自分が引き出した結論を考えてみれば、これからの選手選抜やリクルーティングも、うまくいくはずです。それだけでなく、現在のチームの評価にも役立つでしょう。

ほとんどの項目でイエスのつく選手ばかりならば、おそらく優秀な集団を率いていることになります。レベルが高く、コーチをしていて楽しいチームです。反対に、答えの多くがノーになるような選手が何人もいれば、成績不振のチームのなかで、いくつもの問題に取り組まなければならない、ということになります。

選手評価のチェックリスト

リレーション

- その選手は一緒にいて楽しいか？
- その選手は周りの人間に敬意を持っているか？
- その選手はチームの一員であることに満足しているか？

スタビリティ

- その選手は手のかからない選手か？
- その選手は他人のことを考えられる選手か？

●その選手は精神的に大人か？
●その選手は周りに流されないか？
●その選手は学業に真剣に取り組んでいるか？
●その選手のトレーニング習慣は健全か？
●その選手はチームに元気を与えるか？
●その選手の家庭環境は健全か？

コーチャビリティ

●その選手はケガに対してうまく対処できているか？
●その選手は競争心が強いか？
●その選手は肉体的にタフか？
●その選手は精神的にタフか？
●その選手は自分に自信があるか？
●その選手は批判も受け止められるか？

モチベーション

- その選手は練習が好きか？
- その選手は自分のスキルを磨くことが好きか？
- その選手はプレー以外のこと：フィルムセッション、ウエイトトレーニング、栄養摂取などにも熱心か？
- その選手には自負心があるか？

私の住んでいるノースカロライナ州のローリーでは、地元のテレビ局が毎週一人、高校生スポーツ選手を「プレーヤー・オブ・ザ・ウィーク」に選び、特集しています。ある日、女子バスケットボール選手が主役となった回を、私は見ていました。レポーターからインタビューを受けたコーチや先生は、全員口を揃えて「彼女は、物事に取り組む姿勢が素晴らしい」と答えます。しかし、そのコメントをレポーターから聞いた当の女子高生は、言いました。「取り組む姿勢のよくない人とは、誰も一緒にいたいと思わないのではないでしょうか？」。

実に多くを語る一言だと思います。自分のそばに前向きな姿勢の人がいるのは、楽しいことです。先に挙げたチェックリストは、物事に前向きに取り組む選手を見つける手助けになるでしょう。そしてその前向きな姿勢は、チームを成功へと導く力となるでしょう。

28章　枠にとらわれない考え方をする

コーチのなかには、他人よりも独創的で、新しいことを試すことを恐れなかったり、慣例やそれまでのやり方にとらわれなかったりする人がいます。彼らは「枠にとらわれない」考え方をするのです。

バスケットボールの場合、何年か前は、たいていのコーチがインターセプトを恐れ、クロスコートパスをするなと選手を叱ったものです。しかし今では、スキップパス（クロスコートパス）は、特にゾーンディフェンスのときに、ディフェンスを攻める一つの方法として、受け入れられています。

かつてコーチは、ディフェンス時に自分のマークマンをベースライン側にドライブさせてはいけない、と教えました。ミドルにドライブさせたほうが、ヘルプディフェンスがいるからという理由です。当時コーチたちは、ミドルにドライブしたほうが、オフェンス側のプレーのオプションが増える、とは考えなかったようです。

ボビー・ナイトはそのころ、インディアナ大学のヘッドコーチをしていましたが、ディフェンス時にミドルにドライブさせない、ノーミドルを指導した最初のコーチ（またはそのうちの一人）でした。現在では多くのコーチが、このナイトコーチのディフェンスに対する考え方を支持しています。ナイトコーチ、そして彼と考えを同じくした人たちは、枠にとらわれない考え方をしたのです。

フットボールにおいても、やはり柔軟な思考で従来の考え方を打ち破るコーチがいました。フットボールでは、効果的なパスゲームをするために、まずランができなければならない、というのが一般的な考えです。このランがパスのお膳立てをする、ということです。たしかに、2、3年前、ＮＦＬのプレーオフでは、オフェンスコーディネーターが36プレーのうち、34プレーをパスプレーにさせました。そして一言付け加えると、このプレーは実にうまくいきました。

ならば、どうして変化は起きたのでしょうか？　それは当時フロリダ大学で指揮を執っていたスティーブ・スパリアーや、今は亡きサンフランシスコ・フォーティナイナーズのビル・ウォルシュのようなコーチが、オフェンスプレーがもっと効果的になるよう、それまでとは違う戦法を積極的に試みたからです。

ハーフタイムの過ごし方に関してはどうでしょうか？

勢いよくハーフタイムに入ったあと、疲れた様子で出てくる。そんなチームが、どれだけいることでしょう。3分間ほどのウォーミングアップで準備を整えて出て行くには、テクニックがあるのです。その練習をしない手はないでしょう。

まず1時間ほど練習をして、ロッカールームに10〜12分ほど、引きあげます。ハーフタイムのシミュレーションです。そして約3分間ウォーミングアップをしたのちに、再び1時間練習をします。試合と同じです。実に分かりやすい、理にかなった練習ですが、ほとんどのコーチは、この練習をしないのです。

慣例にとらわれない思考には、いくつかメリットがあります。期待以上の効果もあるかもしれません。相手チームにしてみれば、こちらが定石でない手を打てば、それに適応する必要が出てきます。

ひと昔前、NCAAセレクションショーでプリンストン大学に当たりたいというチームは、1チームもありませんでした。プリンストン大学のコーチ、ピート・キャリルはスリーポイントとバックドア「ディフェンダーの裏をかき、ゴールに向かってカットするプレー」のプレーを強調したプレースタイルで、相手チームを震え上がらせていたのです。全米からトップ選手を集めることができないと分かっていたキャリルコーチは、慣例にとらわれない考え方で、相手チームを苦しめるオフェンスシステムを考案したのです。

故ハンク・ギャザーズとボー・キンブルのいたロヨラ・メリーマウント大学を率いたポール・ウェストヘッドも同じです。彼らの「ラン&ガン」スタイルは、他チームにとって、対応するのが非常に難しいものでした。

枠にとらわれないどころか、異例のプレーが試合を変えることも、少なくありません。

例えば、大学のバスケットボールでは、コーチが決断を下さなければならないことがあります。その一つが、試合終了まで5秒を切った時点で3ポイントリード、相手ボールという状況で、ファウルをするかしないかという決断です。大多数のコーチはファウルをしない方法を選び、スリーポイントシュートを全力で阻止しようとします。しかし少数ながら、相手のスリーポイントシュートを阻止しつつ、ファウルを選ぶコーチもいるのです。

この場合、ファウルをしないことが定石で、ファウルをするのは、異例です。

ファウルをするべきか、せざるべきか。この問題をもっと詳しく検討してみましょう。

自分たちがファウルをしない場合、オフェンス側のチームが同点に持ち込むためにすべきことは、一つ。それは、スリーポイントを決めるということです。

いっぽう、試合終了2、3秒前の状況でファウルをする場合、オフェンス側がすべきことは、三つ。つまり、1投目を入れ、2投目を外してリバウンドをとり、シュートを決めてタイに持ち込む、ということが必要です。

この問題は、このような二つの側面から検討することができますが、大半のコーチは、ファウルをしない戦法をとるに違いありません。その理由としては、そのほうがより一般的である、ということもありますし、おそらくファウルをする場合より練習をしなくて済む、という事情もあるでしょう。

ファウルを選ぶ場合、そのファウルがシューティングファウルにならないよう、そして試合終了までわずか2、3秒というタイミングになるよう、練習をしなければなりません。

ファウルの是非を裏付ける統計データはないと思いますが、コーチとしては、両方の戦法を練習し、試してみることが重要だと考えます。

コーチがなぜ、枠にとらわれずに考えることをしないのか、あるいは新しい、異例の方法を試すことをしないのか。それにはいくつかの理由があると思います。

●枠にとらわれない考え方を教わっていない。若いコーチはできるだけ経験の長い、ベテランコーチに学ぼうとします。しかし、このようなコーチは得てして自分のやり方に固執し、なかなか新しいアイデアを試そうとはしません。

●勇気が必要。あまり他人がしていないようなスタイルを用いたり、変わったプレーをしてみたり、あるいは常識から外れたことをしたりするコーチは、批判を受けやすくなります。うまくいかなかった場合は、従来の戦法を使ったときよりも、ファン、保護者、マスコミなどからの批判が強くなるのです。試合の終了間際にファウルをしないコーチが多い理由の一つには、こうした事情があると、私は見ています。成功しなければ、批判はよりいっそう激しくなるのです。

●スタッフと選手のあいだの信頼の欠如。信頼関係は、組織全体において、常にはっきりと示されていなければなりません。信頼があれば、スタッフも選手もコーチの決断をサポートします。しかし、信頼が存在しなければ、コーチは決断を実行に移すのに必要なサポートを得ることはできません。

コーチは、枠にはまらない思考法を身につけ、独創的になることもできます。独創性と柔軟性を得るためのヒントを6つご紹介します。

1 常にチームのことを考える

変えることができるのは何か？

2 アイデアマンになる

思いついたアイデア、一風変わったラインナップ、新しいプレー、ポジション変更を、提案してみましょう。こうしたアイデアの90パーセントはおそらく却下され試されることもない、ということを覚悟しておきます。しかし、一つでも提案が受け入れられて、実行されたならば、言った価値はあったのです。

3　ブレーンストーミングをする

スタッフを座らせて自分も腰を下ろし、これからはクレージーなアイデアを言い合う時間だと宣言しましょう。4章「アシスタントコーチ」では、提案する前に自分のアイデアを熟考する必要があるという話をしましたが、ブレーンストーミングのセッションでは必要ありません。思いついたことはなんでもすべて、発言しましょう。

4　周囲の雰囲気・状況を察知する

自分の直感を信じましょう。かつて私は、練習開始から15分間経ったところで、バスケットボールの練習は止めさせたことがあります。その代わり、コートにネットを設置して、バレーボールをさせました。これには効果がありました。選手が求めていた休養を与えることができ、翌日の練習の準備が十分できたのです。

5　練習で新しいことを試す

例えばフットボールなら、オフタックル「ランナーがタックルの外側を走るプレー」を今までとはまったく違うやり方でブロック「攻撃側の選手が味方を助けるために相手を妨害すること」してみる、バスケットであれば、ボールを持って初めの10秒で得点しようとする、テニスであれば、常にリターンエースを狙う。こういったことを練習するのです。

6 新しいドリルを行う

自分たちのチームに達成できない何かがあれば、今までとは違うドリルやティーチングメソッドを試し、そのコンセプトを理解させます。

新しいアイデアに効果があるかどうかは、それを実際に生み出し、試してみないと分かりません。常に独創的、革新的、刺激的であることで、コーチとして成長することができるのです。

29章　優秀な選手を退屈させない

私たちコーチは、才能のある選手が、心ここにあらずといった調子で基礎ドリルをやっていると、頭にくるものです。コーチやチーム、試合が軽く見られていると感じるのかもしれません。それもあながち間違いではありませんが、じっくり考え、選手の身になってみれば、本人がどう思っているのか、そして、どうしたらもっと効果的にその選手を指導できるのか、分かってくるでしょう。

才能のある選手は、何度も繰り返し同じドリルをするように押し付けられると、やる気を失ってしまいます。一つのテクニックを完璧にしてからその上に進むことを選手に期待するのは、非現実的です。フリースローを1本も外さなくなるまでは、スリーポイントをさせない、ということはありません。学校の授業でも、微分方程式のテストに全問正答しなければ積分方程式に進めない、ということはないのです。

コーチも教師も同じです。一段階上のレベルに進むためのしっかりとした基礎が、選手や生徒にできているか。それを確認したいだけなのです。

かつて、デポール大学のコーチであるジェリー・ウェインライトと話した際、私は彼の発したいくつかの言葉に大いに納得しました。

「いい選手というものは、退屈する」

一般的に言って、才能のある選手ほど、その潜在能力を十分に伸ばすためには、多くのチャレンジが必要になります。コーチはこれを理解し、才能のある選手には個別の環境を作り、課題を与えてその能力を伸ばしてやる必要があります。

以下は、そのためのガイドラインです。

■頻繁に新しいテクニックや動きを課す

場合によっては、同じテクニックを新しいドリルを使って練習してもいいでしょう。才能のある選手に限らず、たいていの選手は、ドリルに変化があると喜ぶものです。

■その新しいテクニックや動きがどうしてレベルアップにつながるのか、説明する

才能のある選手は、あるテクニックがどうパフォーマンス向上につながるのか、知りたがるものです。いくつか例を挙げて説明しましょう。例えば、バスケット界の巨星、マイケル・ジョーダンが、まずジャンプシュート、その次にスリーポイントシュートを体得して、選手として、より完成された素晴らしい選手になったことを、話してもいいでしょう。

■試練を与える

選手が高いハードルを設定し、高い目標を目指せるように指導しましょう。選手が自分で設定した目標に必ず到達できるようにするのです。チームのトップ、地区のトップ、州のトップ、そして全米のトップになれと言って、選手を鼓舞しましょう。

■最初の指導段階が一通り終わったら、できるだけ練習を実戦に近づける

肝心なときに、自分のテクニックが実際に活きるのか、選手に確認させます。実戦に沿った形にすることで、優秀な選手はその優れた力を発揮し続け、集中することができます。

■基礎的なテクニックが、ワンランク上のテクニックを身につけるのにどう役立つのか、選手に理解させる

私の娘のエイミーは大学教授ですが、学生には1回か2回、初歩段階の授業から離れ、趣向を変えて一歩進んだことをさせる授業が必要だと言います。スポーツでも同じことです。クオーターバックには、パスの前のドロップバック［パスが相手ディフェンスに邪魔されないよう、後ろにステップを踏むこと］がうまくできるようにステップワークの練習をして、気分転換をさせることが必要です。ステップワークがよくないと、パスの失敗につながることが少なくないのです。

■継続して指導する

才能のある選手は指導を必要としない、あるいは求めていないように見えることが多いのですが、たいてい、そのどちらでもありません。実際、才能のある選手が平均的な選手よりも優れているのは、建設的な指導から得るものの多さと、それを身につけることの速さです。選手の才能を利用はするが、レベルアップの力にはなってやらないようなコーチだと、選手をだめにしてしまいます。

多くの場合、優秀な選手に自分の指導を納得させることは、平均的な選手や平均以下の選手に比べて、困難です。才能のある選手は、「どのように」「なぜ」ということを知りたがるものです。優れたコーチならば、才能のある選手の素質をただ使わせておくことはしません。試練を与えて新しい資質を発掘し、今備わっているものに磨きをかけるのです。

30章　熱心さに欠ける選手を指導する

コーチにしてみれば、自分たちと同じ情熱や意欲、試合が好きだという気持ちを持っている選手の指導は、比較的容易でもあり、非常に楽しいことでもあります。私たちコーチにとっては、自分の発した一言一句を守ったり、もっと指導してほしいと練習後に残ったり、試合に熱中したりする教え子は、特にかわいいものです。

しかし、指導する選手が皆これにあてはまるとは限りません。実際、ほとんどの選手は違います。私たちはさほど熱心でない選手に対し、どのように付き合えばいいのか、見極めなければならないのです。

しかし、問題の解決に取りかかる前に、その問題を解く鍵となる条件、つまり自分自身のコーチングに対する動機と、自分の選手の競技に対する動機について考える必要があります。

どのようにコーチをするか、またコーチングによって何をもたらすかは、動機によって大部分が決まります。コーチの動機のファクターは無数にありますが、そのたいていが、次の記述のうちの一つ、あるいは二つ以上に該当するでしょう。

- **競技の世界は、自分たちコーチ自身が知っている世界であり、自らの手で勝ち得た世界である。よって、それを失いたくない。**
- **アドレナリンが急上昇する感覚が好きである。それを主に得られるのが試合である。**
- **ただ純粋に試合が好きで、自分以外の人にその楽しさを教えて、好きになってもらいたい。**
- **競争することが好きである。**
- **何かを任されるのが好きである。**

選手も同じです。スポーツをするようになった理由は一つ、あるいは複数あるでしょうが、その理由がそのまま、あるいはいくつか組み合わさって、試合への動機や、プレーの個性となります。

●そのスポーツが得意である。
●友だちと一緒にいるのが好きである（大学生よりも高校生のほうが、この傾向が強いです）。
●スポーツによって認められ、奨学金を得たい。
●チームの一員でいることが好きである。
●競争することが好きである。
●試合そのものに情熱を持っている。

コーチや選手のパフォーマンスに影響を与える条件はそのほかにもあります。それは、試合に対する考え方です。

試合への臨み方やプレーのし方が、かつての自分に似ている。こうした選手の指導を、元選手であった私たちコーチは好みがちです。選手だったころに猛烈なリバウンダーだったコーチは、元シューターのコーチに比べ、リバウンドをとる技術、そしてそれをやってみせる選手を、好むものです。いっぽう、厳しいディフェンスプレーヤーだったコーチは、厳しいディフェンスをしない選手のコーチは難しいと思うかもしれません。
しかし、自分と同じように試合にアプローチし、プレーするような選手を多く抱えるわけにはいきません。この事実を理解し、受け入れれば、私たちはもっと効率的な指導をすることができます。

一般的に言って、コーチは選手よりも深刻に試合を捉えます。敗北すれば、長期間、選手よりも心を痛めます。しかしそれは無理もないことです。コーチであることは、仕事です。試合は準備の日々のハイライト、在任期間によっては何年にもわたる献身の日々の集大成でもあるのです。さらに言えば、その在任期間の長さも安定しているとは言えず、勝ち負けが大いに影響します。コーチのほうが賭けるものが大きいのです。

反対に、選手のほとんどは、今あなたがコーチをしている世界よりも上のレベルに行ってまで、団体競技をしたいとは思っていません。たしかに、高校生の選手のなかには、非常に優秀で、短大や大学でプレーをする生徒もいるでしょう。しかし、教え子のほとんどは、高校卒業と同時に、団体競技のキャリアに終止符を打ちます。大学スポーツからセミプロ、プロへと進む選手となると、さらに少なくなります。

大多数の選手はその時点で、自分のスポーツ選手としてのキャリアには限界があると考えます。そうやって、競技に惜しみなく情熱を注ぐこともなくなるのでしょう。高校や大学で一緒だったチームメイトのことを考えてみてください。そのほとんどは、今のあなたほど活動的には、競技に関わっていないのではないでしょうか。

そうは言っても、試合が好きでなかったということではありません。単に、ほかのキャリア選択をしただけです。今、あなたのチームにいる選手のほとんどは、このようなかつてのチームメイトと同じなのです。それを心にとめておけば、もっと自分の選手のためになるような接し方ができるでしょう。

自分ほど競技に対して熱意を示さない選手たちに対処するデメリットは、最小限に抑えることができます。それには、コーチの側がいくらか努力をしなければなりません。

●ある選手が自分よりも試合に対する情熱がなく、やる気もなさそうだと知ること

で、いったい何がその選手の動機付けになるのか、考えるきっかけになることもあるでしょう。そして、その動機によって選手を動かすことができます。自分と同レベルのやる気を強要すれば、あなたにも、選手にとっても、フラストレーションになります。

●自分と一部の選手の情熱にはギャップがあることを受け入れられれば、その選手たちを変えようという考えを捨てることができ、試合への情熱を引き出す、別のアプローチを考えることができます。

●選手一人ひとりが、自分は組織を構成する一員だと思える環境や雰囲気を作ることで、彼らの姿勢を向上させることができます。姿勢が向上すれば、情熱は高まります。

●「パッションにあふれる選手」を見つけましょう。チームに高揚感を作り出すような、得難い人間です。そう言った選手を積極的に練習に参加させれば、プラスの結果がいくつも生まれます。情熱に乏しかった選手も参加したがるようになり、コーチの情熱とチームの情熱のギャップは小さくなります。そして、自分のチームのよさがよく分かるようになるでしょう。

●試合に対する愛や情熱を示すことで、あなたのエネルギーや熱が、選手たちに浸透していきます。

●情熱のある選手を採用することで、情熱が生まれる環境を作ったことになります。

自分が情熱を傾けているスポーツの指導をするとき、その情熱を他者と共有できないと、イライラすることもありますし、がっくりくることもあるでしょう。

覚えておくべきポイント

1 すべての人が、自分と同じように情熱を持っているわけではないし、その義務もない。

2 選手の情熱をかき立てるような環境にすることはできる。

3 他人に情熱がないからといって、自分の情熱がそがれるわけではない。

オーバータイム

メンタル・サイド

31　プラン／プロセスか、目標／結果か

ゴルフをするときに特に難しいのは、目標／結果を達成することよりもむしろ、プラン／プロセスに焦点を当てることです。先のことを考えずに、今、このときに集中することは、コース上で思い通りの結果を出すためには、欠かせません。

どのクラブで打つか？　どこに打つか？　どんなショットを打つか？　一つひとつのショットにはすべて計画が必要です。ゴルフはおそらくその他のスポーツよりも、焦点を絞ることと集中することが必要な競技でしょう。しかしどんなスポーツでも、目標に到達するには、プラン／プロセスが必要です。

かつて私は、才能に恵まれたある大学生に、どういうプランでプレーするのか、試合直前に聞いたことがあります。その答えは「ダブルダブルをする」というものでした。彼のダブルダブルとは、リバウンドと得点を二桁記録するということでした。ではそれをどう

やって達成するつもりか、と尋ねたところ、「分からないけど、とにかく頑張る」という答えが返ってきました。彼には、目標はあっても、プランはありませんでした。

選手やコーチは、ほとんどが目標を持っています。特に現実的とも思えない目標であっても、目標を持つことが成功に近づくためにいかに重要であるか、彼らは教えられてきたのです。しかし、そのためのプランを持っている人は、ほとんどいません。

目標を設定すること自体は、何も悪いことではありません。むしろ、やる気につながります。しかし、目指すところに到達するためのプランやプロセスは必要です。考え抜かれた組織立ったプランが欠かせないのです。そうしたプランがないと集中がそがれ、興味も失い、情熱も冷めてしまいます。

当然のことながら、プランを立てる前に、目標を選定する必要があります。スポーツでは、コーチも選手もたいてい目標を高く設定します。州選手権、全米選手権で優勝する、カンファレンス代表・州代表・全米代表になる。高い目標とは、例えばこういったことです。こうした目標が妥当なときもあるかもしれませんが、プランを立てるのは困難です。

そこでいくつかサブ目標を立てれば、さまざまな目標の土台となる、目に見えるターゲットができ、そこに集中することができます。目標に到達するためには、あまりたくさんの数の目標を設定しすぎない。これがコーチや選手にとっては重要だと私は考えます。目標は二つか三つ、そして、そのステップとなるサブ目標をいくつか持っているのが理想です。サブ目標は目標よりも明確なものですから、それを達成するようにプランを作製すればいいのです。

チームの目標とサブ目標の例

A フットボールの目標：リーグで最もオフェンシブなチームになる。

●フットボールのサブ目標：ファーストダウンで平均○○ヤードゲインする。

●プラン：フットボールでは、ファーストダウンに有効だと思われる、いくつかの堅いプレーに集中することが考えられるので、その練習に重点を置く。それだけで、選手にファーストダウンの重要性を教え込むことができ、ファーストダウンでペナルティをもらわないことの大切さも教えられる。ランニングバックには、常にスーパープレーを見せるよりも、ファーストダウンでロスすることなくゲインすることの重要性を、叩き込む。

B

バスケットボールの目標：得点数でリーグトップになる。

●バスケットボールのサブ目標：フリースローを○○パーセント以上の確率で決める。

●プラン：バスケットボールでは、フリースローラインからの得点率を高くするために、選手とともにテクニックの習得に取り組み、フリースローに特に時間をかけ、練習でもプレッシャーを与えて実戦のように打つ。

個人の目標とサブ目標の例

ゴルフ

目標：ハンデを2〜3縮める。

●サブ目標：バーディーを増やす。

●プラン：ピンに向かってもっと積極的になる。パットは必ずホールに沈める。自分がプラン通りにできているか、自分自身でモニターし、フィードバックできる仕組みを作る。
●サブ目標：我慢強くなる、アンガーマネジメントがもっとできるようになる。
●プラン：ラウンド前とラウンド中に、我慢・アンガーマネジメントの練習を行い、集中する。アンガーマネジメントの本を読む。スポーツ心理学の専門家に相談する。

バスケットボール
目標：オールカンファレンスに選ばれる。
●サブ目標：平均得点数を伸ばす
●プラン：オフェンシブ・リバウンド、プットバック［オフェンスリバウンドをとった選手がリバウンド直後にシュートを打つこと］、ファストブレイクのチャンスを増やす。練習ではリバウンド、速攻でのランに集中する。コーチに自分のプランを伝え、目標達成のためにサポートしてもらう。オフェンシブ・リバウンドとファストブレイクを試みた回数を記録する。

フットボール

目標：先発ラインバッカーになる

●サブ目標：タックルの技術を磨く

●プラン：バランスの改善に取り組む。ボールキャリアに対する角度について理解を深める。ラインバッカーコーチに自分のプランを伝えて協力してもらう。成功したときのことを記録につける。

選手は目標を選定するときにも、コーチの助力が必要となりますが、いちばんコーチの協力が必要なのは、プランの作成です。

2、3年前、私はPGAツアーのゴルファー、ダグ・ラベルのキャディーをしたことがあります。当時ダグは、国内ツアーを回っており、PGAツアーへの昇格を目指していました。

私はラウンド中、試合にどう臨むのかという観点から、ダグと、一緒の組のほかのプレーヤーを観察していました。私の目には、ほかのプレーヤーは、自分のポイントを見失い、集中がそがれ、ゲームプランを忘れているように見えました。いっぽうダグは、プレーの出来に関わらず、そういった様子は見せませんでした。

このことをあとになって告げると、ダグは「一つのショットでも無駄にはしたくないんだ。決勝ラウンドに進めるか、トップ10に入れるか、優勝するか、2位に終わるか。それが一つのショットで決まってしまうこともあるからね」と答え、その意味を詳しく説明してくれました。

つまり、距離や風を正確に読まなかったせいでミスショットをしたくない。本来ならパットをよく読めたはずなのに、それをしなかったせいで、あるいは精神的に疲れて集中できなかったせいで、パットを外したくない、と言うのです。そしてさらにこう付け加えました。「もちろん、スコアは縮めたい。でもそのことを考えていたら、自分のプランに集中すること、つまり今このとき、このパットに没頭することを忘れてしまう。スコアは自ずとついてくるものだからね」。

彼には目標とサブ目標だけでなく、考え抜かれたプランもあるのです。

自分の目標とサブ目標を設定できたら、時間と思考プロセスのほとんどは、プラン作成につぎ込むべきです。日々、すべきこと、しなければならないことに集中する。そうすれば、目標を達成する可能性は大いに高まります。

32章　25パーセントルール

自分とは、今ある姿そのものです。生まれ持ったものと育ちが組み合わさり、現在の自分が作り上げられます。人にはそれぞれ、周りの世界の受けとめ方、関わり合い方に、独自のスタイルがあります。そしてその世界に生きるための術を、自分の手で作り上げてきました。それこそが、現在の自分の姿を成している特質です。

私たちコーチは、ときとして、選手一人ひとりの個性を見過ごしてしまうことがあります。その選手が持つ本来の姿ではなく、自分が求める姿に選手を仕立て上げようと躍起になるのです。その結果、自分の期待通りにいかないと、怒りをあらわにする、ということはないにせよ、不満はたまってしまいます。

自分の選手が（競技場の中で、あるいは外で）放つ個性の是非を決めつけ、その個性を変えようとするのは、愚かであり、逆効果であるということを、私たちは知っておく必要があります。

しかし、私たちコーチも選手の側に歩み寄ることができるし、選手から歩み寄ってもらえるよう力を貸すこともできる。私はそう考えます。そしてこの譲歩を、私は25パーセントルール、と呼んでいます。

この25パーセントという数字は、譲歩できる幅のことです。この程度であれば、行動療法のようなものを受けなくても、誰にでも備わっていると、私は考えています。

25パーセントルールには、自分のコンフォートゾーン（居心地のよい領域）を広げる意志、つまりリスクを承知で新しいことに挑戦し、本来備わっている能力を伸ばそうとする意志が必要です。

このルールはどうしたら、スポーツ競技に応用できるのでしょうか？

例えば、あなたのチームに素晴らしいスポットアップ・シューター［スペースを保ちながら止まった状態（スポットアップ）でボールをもらいシュートするのを得意とする選手］がいたとします。シュート力が抜群で、スリーポイントラインの外側でも相手にとっては大きな脅威です。これはプレーヤーとしての強みであり、選手自ら忘れてはいけません。ただし、ほかに何もできない選手だと、賢い相手チームであれば対応してくるので、もはや強みとは言えなくなります。

しかし、その選手に自分のコンフォートゾーンを広げる意欲があり、ポンプフェイク（シュートフェイク）からドリブルしてシュートするスキルを身につければ、新しい動きが加わるだけでなく、本来持っている強みの威力がさらに増します。ドリブル自体はスポットアップほどうまくはならないかもしれませんが、自分が備えているテクニックを25パーセント増やしたい、という意欲を持つことにより、相手にとって以前より大きな脅威となるのです。

選手のパーソナリティも、同じように譲歩することで、パフォーマンスアップにつながることがあります。

仮に、熱くなりやすく、気合が入りすぎる選手がいたとします。それが、その選手の人となりです。この性格を取り上げようとしてはいけません。落ち着け、静かに、辛抱強く、と言うのは、非現実的です。

逆に、現実的なやり方とは、一点に集中した力をさらに高めてやり、その一途な姿勢を、本人とチームのためになるようにうまく制御しながら、よい方向へと導くことです。
ある程度選手の行いを修正し、それによってさらに強くしてやることが、なすべき仕事なのです。

コーチも選手も、自分自身の行動力と性格の強みが分からず、それらを活かす方法も知らないとなると、どうしても慣れ親しんだやり方にしがみつくようになりますが、それは同時に、自分たちの可能性に限界を設けていることになるのです。
ストレスを受けたり、ピンチに遭遇したりすると、私たちはお決まりの行動パターンに頼ります。プレッシャーがかかっている状況では、スリーポイントシューターはいつもより距離がある位置からスリーポイントを狙おうとします。気合が入り、熱くなりやすい選手は、なおいっそう必死に、感情的になります。こうなってしまうと、強みも弱みになってしまいます。

次にいくつかチャートを紹介します。これは、選手やコーチがそれぞれの強みと弱みを見つけやすくするチャートです。そして、各チャートとともに、25パーセントルールの適用例も示してありますので、強みをより強くするために使えると思います。

最初のスキルチャートは、バスケットボールの選手用に作ったものですが、他競技のコーチでも、これと同じフォーマットを使って、自分たちの技術に置き換えることができます。2番目のチャートは、選手のパーソナリティに焦点を当てたもので、あらゆるスポーツに適用することができます。3番目と4番目のチャートは、全競技のコーチのためのチャートです。

選手用スキルチャート

皆さんには、バスケットボール選手として、強みもあれば、弱みもあります。最大限、試合に貢献できる選手になりたいのであれば、強みを活かしたプレーをし、弱みは最小限にする、あるいは克服することが必要です。それができるようになるためには、まず自分の実力を偏りのない目で見ることが必要です。

各点について、自分の実力を評価します。評価するときには、自分のポジションを意識して考えます。100パーセント正直になってください。コーチングスタッフが喜びそうな答えを書いてはいけません。自分と自分の力のありのままの姿を見つめることは、向上への第一歩です。各点に関し、1から5までの数字で（1が最低点、5が最高点）評価しましょう。

◆以下にサンプルを示した選手の場合、シュートやパスのスキルといった面では、点数が高く、リバウンド、ディフェンス、アグレッシブネス（積極性）といったダーティーワーク「泥臭いプレー」では、かなり点が下がります。

選手用スキル評価

●パッサー　：4
●シューター：5
●ボールハンドラー：5
●創造性：2
●ワンオンワンの能力：4

●ファストブレイクの能力：4
●敏捷性：4
●ポストアップ［リングに背中を向けた状態でボールを持ってプレーすること］：2
●オフェンシブ・リバウンド：3
●ディフェンシブ・リバウンド：3
●フリースローシューティング：5
●ハーフコートオフェンス［フロントコート（自チームの攻める半面）に入ってから行われるオフェンス］の遂行力：5
●スクリーニング［オフェンス時に相手ディフェンスの進路を妨げる位置に立ち、味方を助けること］：1
●ディフェンス：オンボール：3
●ディフェンス：オフボール：2
●バスケットボール・IQ：5
●スリーポイント・シューティング：5
●オフボールのプレー：2
●ポストへのパス：5
●ブロックショット［シュートを防ぐプレー］：2

この選手の場合、技術に秀でていることを理解し、その技術を活かすことが、改善計画として適切だと考えられます。さらに、コンフォートゾーンから出て（25パーセントルール）、フィジカルなタフさが求められるプレーを、もっと積極的にできるようにする。こうしたことでも、改善が期待できます。

選手用パーソナリティ・チャート

自分のパーソナリティを評価します。選手として試合で競っているとき、自分のどういう性質が出るのか、よく考えてみてください。各点に関し、1から5までの数字で（1が最低点、5が最高点）評価しましょう。

◆以下にサンプルを示した選手は、チームメイトとしての点数は高いものの、積極性、タフネスという面では低い点数になっています。

選手用パーソナリティ評価

●誰かのリーダーシップに、ついていくタイプか：5
●リーダー役か：2
●社交的か：2
●用心深いか：5
●度胸があるか：2
●自制心があるか：5
●忍耐力があるか：5
●発言力があるか：2
●前向きか：5
●感情的か：3
●自発的か：4
●タフネス：2
●言葉が少ないか：5
●熱くなるか：3

●チームの一員であることを楽しんでいるか：3
●がむしゃらに頑張るか：2
●すぐ弱気になるか：3
●バスケットボールに重きを置いているか：5
●勝つことに重きを置いているか：5
●自分に自信があるか：2

この選手の場合、よきチームメイトとしての面を失わず、なおかつ積極性（社交性を持つ、言葉数を増やす、試合に対する感情を出す）の面でコンフォートゾーンを広げる（25パーセントルール）ことが、適切な改善計画だと考えられます。

私たちコーチにも、コーチングスタイルとコーチングパーソナリティの自己評価が役に立つでしょう。

コーチ用スタイル・チャート

次の各点について自分のコーチングスタイルを評価します。指導における自分の役割と指導するポジションについてよく考えましょう。100パーセント正直に答えてください。各点に関し、1から5までの数字で（1が最低点、5が最高点）評価しましょう。

◆以下にサンプルを示したコーチは、試合の理解度は非常に高く、準備も周到にできていて、細かい仕事、広報業務もうまくこなしているとみられます。選手との関係性、コート上でのコーチング、選手のリクルーティングが改善されれば（25パーセントルール）、コーチとしての向上が期待できます。

コーチ用スタイル評価

- 練習のコーチング：3
- 試合のコーチング：5

●選手に対する個人練習でのコーチング：3
●スカウティング：5
●試合準備：5
●リクルーティング：2
●自己評価：5
●選手との関係：3
●ほかのコーチやスタッフとの関係：3
●サマーキャンプ：2
●学校との関係：5
●広報関係：5
●試合勘：5
●積極性、常に先手を打つ力：3
●スタッフの雇用・解雇：無回答
●オフィスマネジメント：5
●スケジュール管理：5

コーチ用パーソナリティ・チャート

自分のパーソナリティを見極め、自己評価します。コーチとして試合で競っているときに、自分のどういう性質が出るのか、よく考えてみてください。各点に関し、1から5までの数字で（1が最低点、5が最高点）評価しましょう。

◆以下にサンプルを示したコーチは、自分に対する自信と強い意志を持ち、アグレッシブで尊大なタイプの人間です。今よりも25パーセント、物静かで、忍耐強くなり、相手を理解するように努力すれば、コーチとしての成長が見込めます。

コーチ用パーソナリティ評価

- 試合が好きか：5
- リーダー役か：2
- 指示を待つタイプか：2
- 我慢強いか：2

●熱くなるか：5
●自発的か：5
●自制心があるか：5
●繊細か：1
●勝利に重きを置いているか：5
●学習意欲があるか：2
●タフネス：5
●がむしゃらに頑張るか：5
●社交的か：5
●発言力があるか：5
●忠誠心があるか：3
●自分の信念を守るか：5
●強い意志を持っているか：5
●チームプレーヤーか：2
●自分に自信があるか：5

●忍耐力があるか：1
●言葉数が少ないか：1

自分に聞いてみましょう：

1 自分は25パーセントコンフォートゾーンから出る意志があるか？
2 選手それぞれが持つ、競技場の中での強み、外での強みを、分かっているか？
3 選手にその強みを伝えているか？
4 どのような形で25パーセントプレーを「広げて」もらいたいか、各選手に丁寧に伝えているか？ 自分が期待していることを、具体的に示しているか？

33章　メンタル・キャパシティを広げる

優れた選手になるには、二つの条件が必要です。それは、身体的な能力、そして、精神の力、メンタル・キャパシティです。

選手の身体的能力のレベルを決めるのは、遺伝的な形質とその活用法、つまり、大きさ、速さ、高さ、強さ、敏捷性、といったものを、競技に必要な技術を磨くうえでどう使うか、ということです。

メンタル・キャパシティにしても同じことです。競争心、強さ、忍耐、逆境を克服する力など、ある性質を生まれつき持っているような選手もいれば、成長する過程で競技にとって有利となる性質を育んでいく選手もいます。

多くのコーチが言うように、試合の半分がメンタルで決まるのだとすれば、その部分を向上させるために、今よりもはるかに多くのことを、私たちコーチはしなければなりません。身体を使う技術の向上には、膨大な力が注入されていますが、メンタル・キャパシティのレベルアップには、多くの努力が払われているとは言えません。メンタル・キャパシティをどう向上させるか、私たちコーチ自身が教えられてこなかったため、どうしていいのか分かっていません。それゆえにほとんど何もしていないのです。

このようにメンタル・キャパシティに関しては、重視されることも、なんらかの努力が払われることもほとんどないため、短い時間で大きな成功を手にする可能性も高いのです。

メンタル・キャパシティを向上させる4つの効果的なステップを紹介します。

1 質問をしてみましょう：その選手のメンタル・キャパシティで強みとなるものは何か？　メンタル・キャパシティのうちで欠けているものは何か？　何がその選手の足かせになっているか？　まずは32章で紹介した、選手のパーソナリティ・チャートの「25パーセントルール」からスタートするとよいでしょう。いくつか選手に足りない面はあると思いますが、そうした面の改善が必要だと選手自身が認識することが、最初のステップです。そのためには、選手が自分の内面に目を向けることが必要ですが、難しいこともあるかもしれません。おそらくガイドとなる人が必要になるでしょう。その場合、信頼関係と健全なコミュニケーションモデルを構築する必要があります。その役に適した、親身になってくれるアシスタントコーチが世話役となって力を貸してくれれば、選手は偏りのない目で自分自身を見つめることができます。それと同時に、試合での働きが一段階レベルアップするようなメンタル・キャパシティをいくつか選んで向上させることで、自分の強みは何か、そしてその強みはどのように伸ばせるのかを知ることができます。

2

選手が変わることを欲しているか、確認しましょう。その選手には、本気で取り組む意欲がありますか？　変わることの障害になるものがありますか？　こういったことを、話し合うべきです。例えば、もっと積極的に、アグレッシブになることがプラスになるという結論に、選手が達したら？　ほかの選手からは嫌われるだろうということも、考えるでしょう。ルーズボールをとりに床にダイブしたら、目立とうとしていると周りにとられる可能性もある、と。要するに、傷つくことを恐れるのです。こうしたあらゆる可能性を、安全な環境で（つまり誰にも知られずに）話し合う必要があります。選手が、「よし、自分を変えてみせる」と決心するのは、そのあとです。

3

メンタル・キャパシティのどの面を変えるのか（私としては、多くても二つから始めることをお勧めします）、選手が決めたら、それを実現するために、選手は何をするべきなのか。それは、目標に向かってどうアプローチするかという計画を立てることです。

例えば、もっとうまくアンガーマネジメントができるようになる、という目標を持ったゴルフの選手であれば、次のようなステップを踏んでいくことが考えられます。

アンガーマネジメントしたいゴルフ選手の場合

●ビジュアル化

こうありたいと望んでいることが、できている自分をイメージする練習をする。

ショットを失敗したあとも、冷静に自分をコントロールできている自分自身の姿を想像する。

●セルフトーク

ラウンド中、難しい状況にどう対応していくのかを、自分自身に話しかける。

●リマインダー

自分の行くべき方向性を常に見失うことなく目標が実現できるように、見やすい場所にメモを貼る。

●練習

ディープ・ブリージングのような呼吸法のエクササイズや瞑想など、効果的な方法を使って、冷静さを保つ練習をする。

もう一つ、物静かで控えめな、フットボール選手の例を挙げましょう。この選手が、もっと積極的になりたいと思うとき、次のようなステップが考えられます。

積極的になりたいフットボール選手の場合

●ビジュアル化

しっかりと立ち、自分の意見をはっきりと話しているところをイメージする。

●セルフトーク

毎日、練習前と練習中に、声に出して自分の目標を確認する。

●リマインダー

1日を通して何度も見る場所に、目標を書いた紙を貼る。

●練習

目標を達成するための練習計画を立てる。1日のセルフトークの回数をチェック表に記入し、その数の変化を観察する。選手自身がそれに責任を持つ。表には次のような項目を入れるとよい。

1　目標：積極性

2　評価：1＝非常に悪い　2＝悪い　3＝ふつう　4＝よい　5＝非常によい

3　曜日

●選手は毎日自分で表に記入し、点数が1〜3の場合は、うまくいかなかった理由を書く。そして何がマイナスに働いたのか、分析する。自分が作った計画表とチェック表を見て、着実に効果があがっているか、確認する。

4

選手はサポートを必要としていますか？　初めのうちは、たいていの選手がサポートを求めます。しかしその場合、誰がサポートをするのでしょうか？　選手が以前から信頼を寄せている人であるべきです。となると、通常はアシスタントコーチになります。練習のときも試合のときも選手のそばにいるアシスタントコーチは、役目を十分にこなせるはずです。アシスタントコーチ（または別の人）は選手の計画に心血を注ぎ、常に選手と一緒に目標達成に取り組まなければなりません。注意を喚起する、声をかける、合言葉を考える、といったサポートの方法を、選手と協同して考えます。アシスタントコーチは選手に、自分の力でできるよう促すのです。

選手がそのプログラムに全力を傾け、コーチからのサポートを一貫して受けることができれば、目覚ましい成長が見込めます。

2006年から2007年のシーズン、エバンズビル大学にいた私は、当時3年生だったブラッドリー・ストリックランドの指導をしていました。彼には、よりアグレッシブにリバウンドをとりにいく、という目標がありました。そして、課題を克服し、目標を達成するための計画を作成しましたが、私がこれまでに説明してきたようなさまざまな方法だけでなく、手に「リバウンド」と書くなど、独自の方法も編み出しました。さらにアシスタントコーチのジェイソン・ツィンマーマンには、毎日サポートしてもらうよう、頼み込みました。その結果、1年のときから4年になるまでにリバウンド数は増え、ミズーリ・バレー・カンファレンスのなかでも、屈指のリバウンダーとなりました。

メンタル・キャパシティを広げるプログラムに取り組んだ結果、成功を手にしたのです。

34章　選手に自分の試合を分析させる

前の章では、メンタル・キャパシティを広げる方法についてお話ししました。次に見ていくのは、選手が自分の試合を分析する方法です。この二つの方法には、類似している点と、異なる点とがあります。

メンタル・キャパシティを広げるということは、選手がより長期的なアプローチをとり、メンタルのある特定の面を活用し、強化していくことを指します。

いっぽう、試合を分析するということは、試合後あるいは試合中にも修正を加え、自分のスキルをより活かしていくことを指します。

自分の試合を分析するということは、常にメンタル・キャパシティを細かく調整しているということなのです。

実力をもっとつけようという意欲を選手に持たせるのは、コーチとしての課題の一つですが、なぜ一部の選手は、ほかの選手よりもはるかに競技力を向上させることができるのでしょう。それを考えると、理由はいくつでも思い浮かびます。

●ほかの誰よりも厳しい練習をする。
●ほかの誰よりもよい指導を受けている。
●ほかの誰よりもうまく難局やプレッシャーをくぐり抜けている。
●ほかの誰よりも生まれつき器用で才能に恵まれている。

しかし、こういった条件がほとんど変わらないなかでも、ある選手がほかの選手より早く上達することがあります。それはなぜでしょうか？　一部の選手には、自分自身のプレーを学習・分析する力があり、それが技量の向上に直結している、と言えば、説明になるのではないでしょうか。

同じことをしている限りは、同じ結果が得られる、という言葉をよく耳にします。これを言い換えると、「練習は嘘をつかない」のは、正しく練習していることが前提、ということになります。裏を返せば、今行っていることが実を結んでいなければ、今とは違う結果を得るために、変更や修正をする必要があるのです。

どんなレベルのアスリートであっても、変化や修正は簡単なことではありません。ある決まった方法で何年もプレーをしてきて、ときにはそれが功を奏したこともあったはずです。しかしこれから一段高いレベルで競技をするとき、従来のプレー方法でもうまくいく、ということはありません。以前に比べ、自分の思い通りのプレーができなくなりますが、試合、シーズンはやってきます。

それでも選手は一貫したゲームプランを持たず、もっとよいプレーができるよう試合ごとに修正することもありません。試合後に自分たちのプレーを分析しないことが大半で、もししたとしても、効果的なやり方になっていないのが実情です。

効果的な試合分析ができないのは、何が原因なのでしょうか?

第一に私が思うのは、分析の技術を選手たちが教わっていない、ということです。子供のうちから組織だったプレーをまず教わり、よりよい選手になるためにすべきことを（ときにはうるさいほどに）、指示されます。このような状況にある選手の役割とは、コーチに言われたことをすることです。自分が活きるプレー、そうでないプレーを、選手自身が学ぶ機会は滅多にありません。実際、オーバーコーチされてきたのです。

第二に考えられるのは、コーチです。

選手のプレーを分析する方法を知らないコーチは少なくありません。知っているコーチでも、理由はどうあれ、分析の仕方を選手に伝えない人がいます。選手に独力で分析する方法を教えずに、分析した結果だけを伝える。そうやって選手に対するパワーを手にすると、それをずっと手放さないコーチもいます。

第三はコーチングのあり方です。

今日のコーチングは以前よりもはるかに進化し、複雑で高度なものになりましたが、未だに試合ではメンタルよりもフィジカルの側面に大きなウエイトが置かれています。コーチも選手同様、今までのある決まったやり方を学んできました。通常、トレーニングで重要視されているのはフィジカル面であり、メンタル面ではありません。

では、選手が自分の試合を分析できるようになるために、私たちコーチはどう手助けすればよいのでしょうか？　基本的には、コーチがしているのと同じことを、選手に教えます。要するに選手が自分自身のパフォーマンスを「見直す」ことができるようにするのです。

具体的に言うと、選手を椅子に座らせて試合のビデオを見せ、よい面も悪い面も、両方観察させます。選手にしてみれば、失敗したシュート（バスケットボール）、タックル（フットボール）、パット（ゴルフ）を指摘するのはわけもないことですが、「なぜそうなったか」を分析するのは、難しいのです。

次に必要なのは、プレー向上のためにどのような修正を加えるべきか、選手が判断できるようにサポートすることです。

例えば、バスケットボール選手ならば、もっとシュートを決めるために自分は常に脚を使い、焦ってシュートを打ってはならない、フットボール選手ならば、もっとよいタックラーになるために自分はボールキャリアを胸部と両腕でパックしなければならない、ゴルフ選手ならば、パター上達のために自分はより適切なペースで打たなければならない、というように、選手が自ら見極められるようにするのです。

そして、それぞれ修正点が分かったら、選手はそれを繰り返し練習する必要があります。

選手がコーチのサポートにより、自分の課題と修正方法を見定めることができたら、次に選手とコーチがするのは、「計画策定」です。

ある技術を向上させるためには、どんなドリルをしたらよいか？　コーチはその技術向上のために何ができるか？　そしてどこまで助けるつもりか？　計画をより具体化するには、場合によっては目標期間などのタイムスケジュールを設定する必要があります。また、責任を持たせるという意味でも書面に残すことは大事です。この場合の、責任を持つということは、選手が自分自身の行動に責任感を持つということです。

もちろん最終目標は、選手と一緒に修正プロセスを作り上げて、選手が自分のプレーをコーチのサポートなしに分析できるようになることです。パフォーマンスの見直しは、初めのうちはコーチの助けを借りたり、映像を見て振り返ったりして行っても構いませんが、選手自身が自分のよいプレーも悪いプレーもその場で振り返り、修正点を自分で確認しなければなりません。

自分自身の試合をよく分析できる選手の最たる例は、マイケル・ジョーダンでしょう。ジョーダンはまずい試合をしても、必ず次の試合には、驚くべき克服ぶりを見せました。もちろん、彼は並の選手に比べて強い意志と高い集中力があったのでしょうが、修正もしていたのです。自分の何がまずかったのかをつきとめ、それを正す努力をした、ということです。

自分には試合ごとに適応し、修正していく能力がある、場合によっては試合中であってもそれができると選手が確信すれば、実力を上げ、目覚ましい結果を生んでいくことができるでしょう。

プレー向上の計画

1　パフォーマンスの見直し

A　プレーの分析

B　修正点の確認

2　計画策定

A　ドリルを選ぶ

B　コーチにサポートを頼む

C　反復練習

35章　選手はどうコーチされたいのか？

成果をあげられるコーチであるための鍵はいくつかありますが、その一つは、自分の考えを選手に受け入れてもらうことにあります。

選手が必要としているのは、自分のコーチを信じることです。それができたとき、指導を受け入れる力（コーチャビリティ）が向上し、その結果、選手としての成長に勢いが加わります。

コーチはこのことをふまえて、選手を惹きつける最善の方法をとらなければなりません。

選手を「惹きつける」という考え方に、抵抗を感じるコーチもいるかもしれません。特に長年コーチをしてきた人などはそうでしょう。「これが俺のやり方。年をとりすぎて、今さら変えることはできない。選手のほうが私に合わせるべきだ」。このような姿勢のコーチです。これなら、何をするにしてもいちばん分かりやすく、簡単なやり方かもしれません。

　でも、それがいちばん効果的な方法でしょうか？　私たちの目標が、選手をできるだけ成長させることならば、もっと効果的な選手への対応法があるのではないでしょうか。

　教え方が異なれば、教わる側の学ぶこと、反応も変わる。これはいくつかの研究によって示されています。個人に合った指導スタイルを見つければ、効果的な指導となる可能性は高まります。

　しかし、それは自分のコーチとしてのあり方を変えなければならない、ということではありません。コーチとして自分のパーソナリティに合ったやり方で指導をしても、場合に則して対応できる、ということです。


　コーチたちと会話をするなかで私がよく耳にするのは、何が選手をやる気にさせるのか、というセリフです。「この子にはいつも叱りつけることが必要なんです」、「この子は褒めてやらないとだめです」などと彼らは言います。

　彼らがいつも正しいアプローチをとっているとは限りません。しかし、選手のやる気を引き出すベストの方法を、彼らは模索しているのです。実際、コーチたちは心理学者や人事評価者としての役割も果たしています。彼らが判断を誤れば、状況を悪化させることになります。選手が格闘するのは、コーチと試合の、両方なのです。

では、指導に対して選手から反応を得るには、何が最もよく、最も効果的な方法であるか、あなたは知っていますか？　何が選手を奮い立たせるのでしょう？　コーチのなかには、行動特性分析を使う人もいます。行動特性分析は適正に用いれば、役に立つこともあるでしょう。しかし、時間がかかることもありますし、複雑な面もあります。

選手に聞いてみるのはどうでしょうか？　もし、真摯に答えを求めれば、選手が一人の人間として、また選手として、成長する助けとなる情報を得られるかもしれませんし、それがチームのためにもなります。選手に、どうコーチされたいかと聞くときは、次の2点についてはっきりさせることが大切です：

●私はコーチとして本当に知りたい。だから正直に答えてほしい。私が聞きたいこ

とを忖度《そんたく》したうえで答えないこと。
●楽な道を選ばないでほしい。どうコーチをしたら、君にとって優しい存在のコーチになれるのか、ということを聞いているのではない。私が聞きたいのは、どんなスタイルのコーチングをすれば、君の可能性を最大限引き出せるのか、ということだ。

選手に、どうコーチされたいのかと尋ねたとしても、その答えが唯一の指導法にはなりません。コーチには、チーム全体を率いるために必要なコーチング・スタイルがあります。しかし、時おり異なるスタイル、選手個人に合わせたスタイルを用いるときもあるのです。

どのコーチング・スタイルが最も効果的か、選手たちと話し合うことにしたら、次の質問を参考にしてみるといいでしょう。

1　コーチングは一対一のほうがいいか？
2　実際にデモンストレーションしてみせたほうがいいのか？（視覚から学ぶ選手もいれ

ば、それが必要でない選手もいます）

3　言葉で指示したほうが分かりやすいか？

4　競技をしていると、感情的になりやすいか？

5　競技者として、褒められるとやる気が出るか？

6　競技者として、自分でやる気を高められるか？

7　競技者として、自制できるか？

8　ビデオから多くを学べると思うか？

9　コーチと密接な関係にあったほうが、競技者として助かるか？

10　コーチと意見がぶつかったとき、どう対処するか？

こういった類の質問をするときは、このような1から10までの一連の質問に、自分を照らし合わせながら言うようにさせてもいいでしょう。そうすることで選手の本当の姿を知ることができます。例えばもし、コーチと意見がぶつかったときに、うまく対処できない、と言われたら、コーチがどのように向き合えば成果があがるのか、考えを言ってもらいます。

質問に対するすべての答えを詳細に分析する必要はありませんが、本当に分析しなければならないことは、話し合ったほうがいいでしょう。そうするうちに、選手に対する理解が深まります。

また、お互いに意見を交わすなかで選手から返ってきた答えは、コーチが選手とコミュニケーションをとる共通の土台になると、私は考えます。選手の答えが指導の仕方、育成の仕方、対峙の仕方などを伝えるベースとなるのです。そうなれば、選手には心構えができ、コーチが伝えることを個人攻撃と捉えることも、きっとないと思います。もし選手と話し合いをするのがアシスタントコーチであれば、同じ目標に向かってヘッドコーチがどう指導しているのか、選手に伝えるとよいでしょう。

私はけっして、コーチは選手には優しくあるべき、とか、間違いや欠点を見過ごせ、などと言っているわけではありません。私が言いたいのは、目標を達成する最も効果的な指導法を、はっきりと選手に示すことが最善のコーチングだ、ということです。それができたうえで、コーチと選手は人間関係、パートナーシップを築いていけるのです。

競技キャリアを終えたあと、自分はコーチのせいで成長できなかった、コーチのことが理解できなかった、と言う選手を、私は何人か見てきました。その多くは結局のところ、思ったよりも才能がなかったこと、あるいはひたむきに競技に打ち込まなかったことに対する負け惜しみであったのですが、その言葉には真実もあったのではないか、と思うことも、多いのです。もしこれが本当だったら、どんなに悲しいことか。

私たちコーチの望みは、選手のキャリアを伸ばすことであり、その足かせになることではありません。私たちコーチには、選手が自分の持つ潜在能力をできる限り発揮してプレーができるよう、既存のものとは異なる新しい方法を検討する責任があります。ですから、最も効果的だと思うコーチングを選手本人に提案させることに、何も間違いはないと、私は考えるのです。

36章　データで選手を納得させる

「純粋な試合」は、スポーツの世界から失われてしまいました。
二つのチームとその指導陣によるシンプルな競い合いは、もはや存在しません。両者の現実の試合が始まる前も、試合中も、試合後も、他者の「介入」があれば、試合は継続します。実際の試合、そしてそのなかで起きているプレーの一つひとつが注目され、試合予想や分析の対象となります。それをするのが、スポーツキャスターであり、オッズメーカーであり、お茶の間の評論家です。こうした競技場外の試合も今はリアルなイベントであり、誰もが参加できる機会となっています。

フットボールや野球の試合を観ていると、実況アナウンサーが、このチームには相手を抑える術がもうほとんどない、などと言ったりします。また、フットボールの試合でランニングバックが何ヤードも獲得するときや、バスケットボールの選手が1試合で40得点を記録しそうなときも、この選手はもう止められそうにない、と言います。
そのアナウンサーとしては、予想を立てることで（それが試合結果と一致するときもあれば、そうでないときもありますが）、試合に「介入」しているのです。

これと同じような予想は、アナウンサー以外からも聞くことがあります。このチームはランキングのトップ10に入っているが相手チームは圏外だ、このチームは予想では30点差で勝つとされているから優位だ、この選手はあの選手よりもランキングが上だ、といった具合です。どの場合でも、チームや個人の選手の勝つ見込みについて、予想されています。勝利予想をすること自体が、ゲーム、試合になっているようです。

こうした競技場外の試合は、スポーツ界への注目や応援につながり、それは諸刃の剣でもありますが、これに関しては、本書で扱う範囲を超えています。ここで論じるべきは、このような状況が本当の競技に及ぼす影響です。

若い選手たちは、スポーツ界を取り巻く過剰な報道に気を取られがちです。他人から意見を言われると、そこに価値があろうとなかろうと、影響を受けてしまうことが実に多いのです。

強豪といわれるチームや選手と対戦するとき、自分にできることはほとんどないという考えに支配されれば、諦める姿勢が身についてしまい、勝つ可能性があっても帳消しになります。

選手によそ見をさせず前向きな姿勢を保たせることは、コーチが果たすべき責務のなかでも、欠くことのできない仕事です。

賭けのオッズがどうであれ、選手とコーチには自分の運命を自分で左右する力がある、ということを思い知らされたのは、数年前のことです。このとき私が観戦する機会に恵まれたのは、友人であり、かつての教え子でもあったダン・マーリーのいるフェニックス・サンズと、マイケル・ジョーダンのいるシカゴブルズとの対戦でした。ダンがガードしていたジョーダンは、この試合で目覚ましい活躍を見せました。

私は試合後ダンに向かって、ジョーダンを波に乗せると、止めるのはほとんど無理だね、と言いました。しかし、それに対してダンは非常に決然と答えました。曰く、ジョーダンのプレーを可能にしたのは、ジョーダン自身が「したこと」ではなく、私自身が「しなかったこと」だ、と。そして、この試合のビデオを観るときは、これほどまでにジョーダンに得点を許してしまった自分のミスを必ず確認する、とも言いました。

こうした言葉を交わしてから、対戦相手に備えるためにたしかな情報を得ること、つまりダンが試合のビデオを観ながら拾い集めたような情報を得ることがいかに重要か、私は理解するようになりました。

コーチの責務は、ダンがしたように、対戦相手によってコントロールされるプレーと、自分たちでコントロールできるプレーを、見極めることです。その見極めができれば、実は試合のなかで起きていることの多くは、自分たちがコントロールできることなのだということが分かって、びっくりするはずです。

もちろんミスは起きるものです。フットボールなら、タックルできなかった、ファンブルしてしまった、ということがあります。バスケットボールなら、ターンオーバー［オフェンスのミス］、テニスならば、ダブルフォルトといったミスが出てしまいます。

しかし、コーチが正しい情報を持ち、チームが実力通りのパフォーマンスをすれば、選手たちに力を与えることができ、自分たちにも勝つ可能性がある、と理解させることもできるのです。

コーチやチームにとって、意思決定にいちばん必要な要素とは、どの選手が一つの重要なプレー、あるいは試合全体をコントロールしているかを示すデータです。競技別では、次の例のようなデータを集めることが必要です。

- テニス：対戦相手が（いいサーブ、いいリターンで）稼いだポイントvs自分のショット選択のミス
- サッカー：対戦チームが優れたパス、戦略、技術で決めたゴール数vs自分たちのディフェンスミス
- 野球：他チームがうまいバッティングで得たヒット数vs自分たちの投手起用ミスや配球ミス
- フットボール：対戦チームが実際に実施したプレーやフェークで稼いだヤード数

vs自分たちのタックル、アングルブロックのミス

私は3年間にわたるコンサルタントとしての任期のあいだに、30以上の大学のディフェンスプレーを評価して表を作成しました。試合後にビデオを観察し、得点が対戦相手の努力、遂行力により「稼がれた」点なのか、それともディフェンスのミスによるものなのかを、見極めたかったのです。

結果を見て私は驚きました。対戦相手が「稼いだ」得点が総得点の平均25パーセントにすぎない試合が30以上あり、ディフェンスを改善する余地がふんだんにあったからです。しかしこの評価はいくらか主観的なので、同一人物あるいは同一グループに毎試合評価をさせることが大切です。

次のページの表では、8名の選手を評価しました。相手の「稼いだ」得点か、自分たちが相手に与えた得点かは、ディフェンスで起きたミスを基準にして判断しました。その結果としての評価です。

ディフェンスのミス	A選手	B選手	C選手	D選手	E選手	F選手	G選手	H選手	相手チームに与えた得点
ドリブラーへの対応	3		2	8	3	1		5	22
オフェンシブリバウンド		3		2					5
ファウル		2		1				2	5
ローテーションのミス		2	1						3
ディフェンシブトランジション	2			4	2				8
ローポストディフェンス	2		2					2	6
コミュニケーション	1			3	1				5
チェックされたシュート					5		1		6
相手に与えた得点	8	7	5	18	11	1	1	9	60
相手が稼いだ得点									20
相手チームの合計得点									80

自分たちのミスから相手に得点を与えてしまったとき、場合によっては、その原因を二つに特定できることがあります。例えば、ドリブラーを自由にさせすぎていることと、ディフェンスのローテーションがうまくできていないことです。

さらに、その二つの原因も、二人の選手の問題と考えられる場合があります。例えば、ある選手が相手ドリブラーに自由を与えすぎていて、もう一人の選手はローテーションができていない、というようなことです。

私たちコーチと選手は、適切なデータから実に多くのことを学べます：

●自分たちの運命は、自分でコントロールすることができる。右の表のように、相手が「稼いだ」得点が、合計80点の25パーセントしかないならば、自分たちのディフェンスの弱点を減らすことで、チームは劇的に向上することができます。

●ディフェンスのどの側面が自分たちの弱点になっているか、突き止めることができる。データをとった試合では、ドリブラーを自由にさせすぎていることが、試合を決めた大きな要因であったと、表から分かります。これは対戦相手のプレースタイルにより、試合ごとに変わりますが、ドリブラーに対するディフェンスを向上させる必要性がある、ということは分かります。

●ディフェンスの誰がウィークポイントになっているのかが分かる。この表の場合、総得点のうち18ポイントは、D選手が許してしまいました。このようなデータを集めることで、選手に責任意識を持たせることができます。

どんな競技のコーチをするにしろ、プレーのデータを取り、表にして示すことには無数のメリットがあります。そしてそのデータを見れば、勝敗を左右するのは対戦相手がすることよりも、自分たちがすること、しないことである、と分かります。

私は、ウィスコンシン大学グリーンベイ校のヘッドコーチである、トッド・コヴァルチックが、いかにデータを活用し、自分が主張するコンセプトやアイデアを選手に納得させるか、ということを、この目で見て学んできました。データは使い方によって、有益なツールになります。

エピローグ　補足として

コーチとしての自分を見直しましょう

■スポーツマンらしい行動をとっているか？

　私たちには、コーチとしてよきスポーツマンのモデルとなる責任があると思います。競技を行い、勝利を追い求めれば、ストレスの多いこともありますが、スポーツマンシップに反する行為の言い訳にはなりません。非常によく見かけるのが、厳しく激しい競り合いのあと、何も言わず上の空で握手を交わすコーチたちの姿です。「おめでとう」や「いい試合だった」の一言を言って、何がいけないのでしょうか？　悲しいことに、試合中や試合後、コーチよりも選手たちのほうにスポーツマンシップが見られることは、よくあります。コーチは、選手やファンの規範となるべきです。

■先のことばかり見ようとしていないか？

シーズンの初めにスケジュールを確認し、チームの勝敗を予想する、ということは避けましょう。先のことを考えれば、自分たちよりも実力が無さそうなチームを過小評価するという罠に陥ります。また、苦しめられるチームはどこになるだろうと予想をすれば、自分たちに逃げ道を作ることになるのです。他のチームが今後どのようなパフォーマンスを見せるか、どうしてシーズン前の私たちコーチに分かるでしょうか？

■自分の限界が分かっているか？

コーチは備えのできていない問題に、何回でも直面します。うつ、ADD（注意欠陥障害）、精神疾患、ドラッグやアルコールの依存症などは、氷山の一角にすぎません。このような問題を、選手はもとより、スタッフまでもがもたらすのです。コーチは、こうした状況に対処できるような教育も受けていなければ、資格も持っていません。必要に応じて照会できる、然るべき情報源を見つけなければなりません。専門家の意見を受け入れたうえで、サポートする備えをしましょう。

■即断していないか？

選手の能力を、早々と決めつけてはいけません。高校であれ大学であれ、組織にいる選手を観察していると、試合で使えるか使えないか、早いうちから結論を出してしまいがちです。しかし、そのとき私たちは、選手をバイアスがかかった目で観察し、評価しているのです。「使える」と判断した選手には、まずいプレーをしているときにも試合出場の切符を与えているかもしれません。また、チームの役に立たないと判断した選手に対しては、必要以上に批判的になりがちです。私自身も今までに何回か、選手を誤解していたことがありました。そして、他のコーチにも同じような間違いがあったのではないかと思っています。成長するペース、成熟するペースは、人それぞれです。組織にいる選手は誰であっても信じてやり、一緒に努力する。その責任がコーチにあることを、忘れないでください。

リクルーティングにも同じことが言えます：

■即断しない

私の親友である、Scout.com社のデーブ・テレップは、同じ選手のプレーを5回見るようにしていると言います。もちろん、いつもそれができるわけではありません。しかし、ある選手を強く推薦されたら、その選手のプレーを最低3回は見るべきです。そこには、パフォーマンスがいいとき、悪いとき、その中間のときがあるでしょう。分かりやすい基準です。そのほか、当たり前の、するべきことをします。つまり、相手方のコーチに電話をして、頭はいいのか、規律を守れるか、どういうことを望んでいるか、など、選手について教えてもらうのです。もしもあなたがアシスタントコーチならば、選手を一度だけ見たときによくない試合だったから候補から外す、という決断をヘッドコーチにさせないことです。もし自分がその選手を気に入ったなら、その考えを主張すること。あなたの仕事は優秀な選手を獲得することです。いい人材を逃してはなりません。

■自分の目で見ているものを評価する

この選手はものになりそうか？　その答えが常にイエスとは限りません。現時点ではよかったとしても、より大きく、強い相手と対戦したとき、今ほどではないかもしれません。選手が練習でよいパフォーマンスを見せていたら、試合に出る機会を与えましょう。何年か前、指導していた高校のチームに、トム・ジョーンズという若い選手がいました。彼は183センチのガードで、2年生にしては出番がほとんどありませんでした。その年、チームは絶好調で、トムも練習では調子がよさそうでしたが、試合でプレーさせる機会は与えませんでした。メンバーを変えることで、手中に収めつつある成功を手放すというリスクをとりたくなかったこともありますが、彼のプレースタイルがレベルの高い選手やチームには通用しないと確信したことが、大きな理由でした。トムには、大きな体格、強さ、速さ、敏捷性が欠けていましたが、器用さはありました。翌年、彼はスターティングメンバーになり、1試合平均して25ポイントを挙げ、チーム始まって以来、初の州代表に選ばれました。当時の私は、その器用さを評価しませんでしたが、今は違います。

自分を一人の人間として評価する

■自分は謙虚か？

今のコーチ業界には、非常に傲慢で、自己評価の高いコーチが見受けられます。健全な自意識を持つことは、あらゆる仕事、特にコーチングでは、成功するために必要ですが、その分、謙虚さも兼ね備えるべきです。ウィスコンシン大学グリーンベイ校の前アシスタントコーチであるデール・レースは、適度に謙虚さを併せ持った人物の見本のような人です。2007～2008年のシーズン、レースコーチは、学生バスケットボール界での通算1000試合目を迎えました。1000試合のなかにはアシスタントコーチのときもありましたが、多くはヘッドコーチとして臨んだ試合です。彼は今までにコーチとして、あるいは選手として、5つの地域やカテゴリーなどで殿堂入りを果たしてきましたが、会って話してみても、まったくそれを感じさせません。心の内では自分の業績に誇りを感じていると思いますが、謙虚で、今まで自分を助けてきてくれたすべての人に対する感謝を忘れない人なのです。

■無条件の愛を態度に表しているか？

かつて、ある人の葬儀に参列したときのことです。故人の娘さんが自分の母に弔辞を送りました。そのなかで、自分が過去に何回か問題を抱え困難にぶつかったとき、母親がいかに寄り添ってくれたか、彼女は語りました。「母は、『あなたのすることに、いつも賛成とはいかないけれど、いつでもあなたの力になるし、信じているわ』と、特にいちばん苦しいときに言ってくれました」。選手が調子のよいとき、コーチが支えになることは、よくあります。しかし物事がうまく運ばないときは、選手に対する愛とサポートは出し惜しみされてしまうものです。選手は、スターティングメンバーから控えに回ったとき、学業で悪戦苦闘しているとき、うまくプレーができないときにこそ、サポートや愛を最も必要とするのです。こうした時期に選手を無視し、サポートせずに距離を置くことは、無条件の愛を示すことにはなりません。

■ゴールデンルール（黄金律）に則った生き方をしているか？

相手チームのコーチには気遣いを見せましょう。ライバルコーチとのあいだで、敵意が醜い頭をもたげることは、頻繁にあります。たしかに、試合を戦う相手であり、リクルーティングで対抗する相手でもあるでしょう。仕事の仕方も尊敬できないかもしれません。しかし、相手も同じ職務に就いている人間で、自分と同じ問題を多く抱えています。ただでさえ重圧のかかる仕事に、余分なストレスを与えてはいけません。もう一つ忘れてはならないのは、コーチングはすべてをさらけだしてしまう、ということです。あなたの態度が人の目から逃れることはありません。

■「いい関係」を作る努力をしているか？

今年のチームにはいい人間関係ができていないと嘆くコーチの声を、私は毎年聞いています。少し考えてみてください。いい人間関係は降って湧くようなものではありません。本書のなかにも、いい人間関係を築くのに役立つトピックがいくつもあります。組織にいる全員が健全な態度をとれば、チーム内に良好な人間関係が育つ可能性はぐっと高まります。

■誰に対しても敬意を持って接しているか？

人は誰でも敬意を払われるに値する存在です。コーチを観察しているときに興味が向くのは、彼らが上下関係で言えば下にいる人間に対し、どのように接しているか、ということです。大学で言えば、学長や全運動部を管理するアスレチックディレクターに対してどう振る舞うかではなく、ウォークオン［奨学生ではなく、トライアウトで入ってきた選手］や学生マネジャーにどう対応するか、ということであり、高校で言えば、校長や学区長ではなく、ベンチの端にいる選手、チームマネジャー、体育館の管理人に対してどういう態度をとるかということです。こうした人たちに対し、彼らは敬意と優しさを持って接しているでしょうか？　人間の本性は、自分より力を持っていない人たちへの応対に現れるものです。

■勇気があるか？

コーチとしてキャリアを積むなかでは、勇気を示すときが何回か訪れるでしょう。自分自身あるいは周囲の誰かが病気と闘うとき、結果を顧みずに自分の信念を守り通すとき、困難であっても正しいことを実行するとき、といった場面です。大いなる勇気を示したコーチと考えて思いつくのは、ノースカロライナ大学の女子チームを率いた、ケイ・ヨウコーチです。ヨウコーチはここ数年間、癌と闘っていますが、病との闘いに臨む強い姿勢は、多くの癌患者の励みとなっています［原書刊行後の2009年に逝去］。私の友人である、マーケット大学元アシスタントコーチのトレイ・シュワブもそうです。肺の希少難病に罹患したトレイは、２００４年２月に肺移植を受けるまでの２年間、病と闘っていましたが、その間に愚痴や泣き言をこぼすことはありませんでした。

私自身は、自分のチームにいた出場資格のない選手について、自己調査報告をしたことがあります。この選手はチームのスター選手でもあり、当時、州のランキングでも1位の選手でした。彼の成績証明書を調査すると、他校から転入するときの記載が不正確だったことに気づきました。彼は高校5年目になっており、そのために競技に参加することができなかったのです。私はこのことを校長に報告しようと決心しました。報告をしないかぎりこの不正行為が表沙汰になることはありません。そして、彼がいなければ州選手権で優勝する可能性はきわめて低くなります。彼やチーム、そして私にとっても困難であることは明白でした。それでもこれが、私のとるべき正しい行動だったのです。

私たちコーチは、指導を通して若い選手たちに人生の教訓を与える存在です。ですから勇気を示す機会が到来したら、それをつかまなければなりません。

ヒューマンスキルをコーチングに活かす

選手が競争中に熱くなるとき、コーチはそれを抑えることなく、よい方向に導くべきです。普段の生活のなかで、傍観するだけで自分の意思をはっきりさせず、目立たないでおこうとする人は批判されない、と感じたことはありませんか？　声高に意見を言う人ほど批判にさらされやすいという構造は、スポーツの世界でも同じです。

臆せずに自分の感じたことを態度や言葉に表す選手やコーチは、探りを入れられ、批判の的となります。自分たちの選手を見ても、その主張が、コーチの目に不適切と映る態度になって出ることがあります。例えば、チームメイトを怒鳴りつけたり、テクニカルファウルをとられたり、といったことです。

真剣な選手は競技に熱中するあまり、ときには行きすぎることもあります。もちろん、私たちは選手の不適切な行動を注意しなければなりません。しかし、それがあまりにも頻繁だと、いつの間にか士気を抑えることになってしまうのです。

私の友人にマーク・ジョンソンという、今はカントリークラブに勤務するゴルファーがいます。彼は昔、ゴルフの才能はありましたが、短気な子どもでした。両親は、態度をこのまま直さなければゴルフはさせないと言い渡しました。すると彼は180度態度を改め、イライラしたり怒ったりする自分を抑えるようになりました。しかしそうするうち、彼は闘争心を失ってしまったのです。一流のゴルファーになる夢を捨ててしまったことを、彼は過去を振り返り、悔やみます。両親はただ、息子の悪い態度を正したかっただけですが、競争心を削ぐことになりました。

私たちコーチは、闘争心を認めてやり、そのエネルギーを正しい方向に導く責任があります。

コーチングのスタイル、テクニック、哲学を検証する

■相手に苦手なことをさせる

例えばフットボールなら、速攻の得意なチームは、スローダウンさせます。パス主体のチームにはランプレーをさせます。そして優秀なレシーバーにディフェンダーを二人つけ、その選手以外のレシーバーがキャッチしなければいけない状況を作ることもでき

ます。相手チームをコンフォートゾーンから引きずり出し、選手たちに普段はしないようなことをさせれば、たいていは、もがき、苦闘することになります。

■オフシーズンのプログラムの計画には工夫を凝らす

大学と高校のコーチは1年中ずっと選手と一緒にトレーニングをすることはできません。したがって、効果的なワークアウト［練習メニュー］を作ることが重要です。若い選手は得てして、練習につぎ込む時間の長さが鍵だと考えてしまいます。コーチは、そのつぎ込んだ練習時間の使い方こそが鍵であると、理解させる必要があります。

■オーバーコーチングとアンダーコーチングを避ける

オーバーコーチングとは、チームに情報を与えすぎる、練習が極端にきつい、コーチが一つひとつのプレーをすべて指導しようとする、という状況を指します。対してアンダーコーチングとは、チームに十分に情報が行き渡らず、練習も不足し、コーチに試合を統率しようという気がほとんどない、という状況のことです。私が思うに、試合に臨むための練習とコーチングには、適切な量というものがあり、それはチームによって、また試合によって異なることがあります。オーバーコーチングでもアンダーコーチングでもない、その中間を見つけることがなによりも重要です。ただし全体的に見れば、アンダーコーチングよりもオーバーコーチングによって試合を落とすことのほうが、多いように思います。起こりうるすべての状況に備えたうえで負けたのなら、さほど気に病むことではない。どういうわけか、コーチはそう思ってしまうのです。しかし、実際には選手に与えた情報や練習の一つひとつが、選手から自由で落ち着いたプレーを奪い、敗戦の原因となったのかもしれません。

■練習は実戦的に行う

数年前、私はマーケット大学のロッカールームにいました。ノースカロライナ大学シャーロット校を接戦の末破ったあとのことです。選手たちがシャワーを浴び、着替えをしているとき、スティーブ・ノヴァクという現在NBAでプレーをしている選手が、まだユニフォームのまま、あたりをうろうろしていました。どうしたのかと尋ねると、「あのフリースローを外してしまったなんて、情けない。できるものなら今すぐあの場に戻ってフリースローをしたい」と言うのです。「よし、じゃあ行こう」と私は答えました。

私たちは体育館に戻ると、試合のラスト10秒でスティーブがフリースローを外した、そのゴールの前に行きました。スティーブがフリースローラインに立つ直前、私は彼に言いました。フリースローのチャンスは1回だけ。もし決めれば、もう1投許すが、決められなかったら、ロッカールームに帰る、と。彼は1投目も2投目も成功させました。こうすることで、私たちは実戦にできるだけ近いコンディションでフリースローの練習をすることができたのです。

■自分の直感を信じる

もう何年も前のことですが、指導をしていた高校のチームが最大のライバルと対戦していたときのことです。これでリーグのチャンピオンが決まるかもしれないという試合でした。非常な接戦で、私たちは1ポイント差を追っていました。主力のチップ・ピソーニがシュート体勢でファウルされたとき、試合終了までは、あと2秒。私はそこでタイムアウトを請求しました。接戦時のフリースローでタイムアウトをとり、自チームの選手が余計なことを考え、よりプレッシャーがかかるような状況（アイシング）を作ってしまっていると、何人もの人からこのタイムアウトの請求は批判されました。しかし、私はチップのことをよく知っていたので、彼がフリースローを失敗するとしたら、その原因は疲労であって、緊張や精神的重圧ではない、と分かっていたのです。果たして彼はフリースローを2投とも決め、我々は勝ちました。私のしたことは常識からは外れていましたが、自分の直感を信じたのです。

■一つひとつのプレーを大切にする

この言葉は、コーチの口から聞くことが多くなってきました。バスケットボール選手では、ノースカロライナ大学のタイラー・ハンズブローが、すべてのプレーを大切にする選手、一つのプレーも無駄にしない選手と言われています。ゴルフの選手を見ても、よい結果を得るためには一つのプレー（ショット）もゆるがせにできないことが、実によく分かります。とは言え、なぜ多くの選手が一つひとつのプレーを大切にしないのでしょうか？　その一つの原因は、どうすればいいか分からない、あるいはその訓練をしていない、ということにあります。私たちコーチは、一つひとつのプレーを大事にしろと延々語りはするものの、どうしたらそれが身につくかという方法を、教えていないのです。私としては、まずは時間を短めに区切り、一つひとつのプレーを大事にしていくのがよいと思っています。バスケットボールならば、攻撃回数3、4回、テニスならば1ゲーム、サッカーならば連続3分間と区切りをつけます。こうすることによって、選手には、一つひとつのプレーを大事にするという考えが理解しやすくなりますし、その方法も感覚的につかめるようになります。

■教えるスタイルを指導の内容に合わせる

頑張りが必要なプレーの指導をするとき、例えばバスケットボールならばリバウンドやディフェンス、野球ならばフライを打ち上げたあとの全力の走塁、テニスならば猛ダッシュでボールに食らいつくことなどを指導するときには、厳しく、そしてきつくあらねばなりません。それに対し、技術と判断力が必要なプレーの指導をするとき、例えばバスケットボールならば相手のゾーンディフェンスに対抗するパスワーク、フットボールならばオーディブルコール「事前に決めたプレーを変更すること」、陸上競技のリレーならばバトンパスといったことを指導するときには、より冷静に、忍耐強くあらねばなりません。根性とエネルギーで可能なことがあるかもしれませんが、それ以外のことには、理解する力と辛抱することが、より必要になるのです。

■プラスのことに集中する

名前は思い出せませんが、私はかつてシュートの名手のインタビューを見たことがあります。もしシュートを6回か7回連続して失敗したとしたら何を考えるのか、とインタビュアーに尋ねられたその選手は、こう答えました。「私ぐらいのシューターだと、次のシュートは入る、と分かるんですよ」。するとインタビュアーは聞き返しました。「では6回か7回連続してシュートが入ったときは?」「そうすれば調子にのってくるので、すべて入ると思うんです」。面食らったインタビュアーは言い返しました。「でも、あれもこれもとはいかないでしょう?」すると「なぜ無理だと思うんですか?」と彼は答えました。それは問いかけというよりは、断言でした。まったくその通りだと思います。どうして無理なのでしょうか?

■チームの練習を10段階で評価する

チームのその日の練習の質を、1から10までの段階で評価した場合（1が最低で10が最高）、私ならば、最も興味をひかれるのは、10がいくつあるかではありません。むしろ1から5までがどれだけ少ないか、ということです。調子がよくない、集中できない、思った方向に物事が運ばない。こういうときに何をするかによって、選手として、またチームとしての成否が分かれます。このような点で優れているのが、タイガー・ウッズです。彼は、自分のスイングができないときや、パットの調子がよくないときでも、予想スコア77を覆して72で終えることができます。俗に言う、グラインドです［仕事に打ち込む意味のgrindとゴルフ用語のgrindの掛詞と思われる］。あなたはチームに発破をかけることで、練習の質を3から6や7にすることができますか？　日ごろからそういうことができていれば、試合の序盤でリードされていても、それをひっくり返せる可能性は高くなります。

本書で私が提案してきたことは、コーチ、コンサルタントとしての長年の経験が生んだものです。またそれとともに、コーチすることが大好きな自分という人間を知ろう、好きになろう、誇りにしようという努力の産物でもあります。

何をもって成功とするかは人それぞれですが、あなたはコーチとして、成功をつかむための、あなたなりのやり方を見つけなければなりません。

私自身にとっての成功とは、さまざまな人の人生に関われる、ということです。そしてその私なりのやり方とは、一人ひとりを尊重し、勇気づけること、成長し進化するための、拠りどころを作ること、全員が精魂を傾け努力できるよう、背中を押し、そして称えることです。

「全体は部分の総和よりも大きい」という、アリストテレスの言葉があります。

スポーツでは、組織のメンバーそれぞれの貢献があって、チーム全体としての価値ができあがります。そのそれぞれの「部分」、つまり選手、アシスタントコーチ、サポートスタッフが、全体の成功のための最大限の力となる姿を見届けるのは、コーチであるあなたの責任であり、特権でもあるのです。

著者

デニー・カイパー　DENNY　KUIPER

セントラル・ミシガン大学にてカウンセリングの修士号を取得。コーチとしてのキャリアは22年を超える。コーチ、カウンセラー、プレーヤーとしての経験をもとにした独自の視点から、コーチング、リーダーシップのカウンセリングを行う。ノースカロライナ州ローリーに妻テリーとともに暮らしている。

訳者

篠原美穂　しのはら・みほ

慶應義塾大学卒業。おもな訳書に『アドバンスト・マラソントレーニング』『ダニエルズのランニング・フォーミュラ』（小社刊）、『トライアスリート・トレーニング・バイブル』（OVERLANDER刊）などがある。大学時代は体育会弓術部に所属し、選手として活動。

監修者

伊藤拓摩　いとう・たくま

三重県鈴鹿市出身。中学を卒業と同時にアメリカに留学。モントロス・クリスチャン高校４年のころにバスケットボール選手からマネジャーに。卒業後に同校にてアシスタントコーチを務める。バージニア・コモンウェルス大学卒業。2009年トヨタ自動車アルバルクのアシスタントコーチ就任。14年アソシエイトヘッドコーチ、15年ヘッドコーチ就任。16年アルバルク東京ヘッドコーチ就任。17～18年日本代表サポートコーチ兼通訳。18年よりアルバルク東京・テクニカルアドバイザーに就任と同時にNBA Gリーグ所属のテキサス・レジェンズにて研修、アシスタントコーチを務める。20年9月、プロバスケットボールチームＧＭに就任。

コーチとは自分《じぶん》を知《し》ることから始《はじ》まる

Know Yourself As A Coach

2020年10月20日　第1版第1刷発行
2021年 1 月20日　第1版第2刷発行

著　　者／デニー・カイパー
訳　　者／篠原美穂
監 修 者／伊藤拓摩
装　　幀／黄川田洋志
発 行 人／池田哲雄
発 行 所／株式会社ベースボール・マガジン社
〒103-8482　東京都中央区日本橋浜町2-61-9 TIE浜町ビル
電話　03-5643-3930（販売部）
　　　03-5643-3885（出版部）
振替口座　00180-6-46620
http://www.bbm-japan.com/

印刷・製本／広研印刷株式会社

ISBN978-4-583-11318-0　C0075